温州旅游

体验师报告选编

温州市旅游局◆编

中国财富出版社

图书在版编目(CIP)数据

温州旅游体验师报告选编 / 温州市旅游局编. —北京:中国财富出版社, 2017.4

ISBN 978-7-5047-6397-6

Ⅰ.①温… Ⅱ.①温… Ⅲ.①游记—温州 Ⅳ.①K928.955.3

中国版本图书馆 CIP 数据核字(2017)第 026826 号

策划编辑 惠 婳 钱 瑛　　**责任编辑** 惠 婳

责任印制 何崇杭 石 雷　　**责任校对** 杨小静　　**责任发行** 敬 东

出版发行 中国财富出版社

社　　址 北京市丰台区南四环西路 188 号 5 区 20 楼　　**邮政编码** 100070

电　　话 010-52227588 转 2048/2028(发行部)　010-52227588 转 307(总编室)

010-68589540(读者服务部)　010-52227588 转 305(质检部)

网　　址 http://www.cfpress.com.cn

经　　销 新华书店

印　　刷 北京京都六环印刷厂

书　　号 ISBN 978-7-5047-6397-6/K·0220

开　　本 710mm×1000mm 1/16　　**版　　次** 2017 年 4 月第 1 版

印　　张 13　　**印　　次** 2017 年 4 月第 1 次印刷

字　　数 200 千字　　**定　　价** 68.00 元

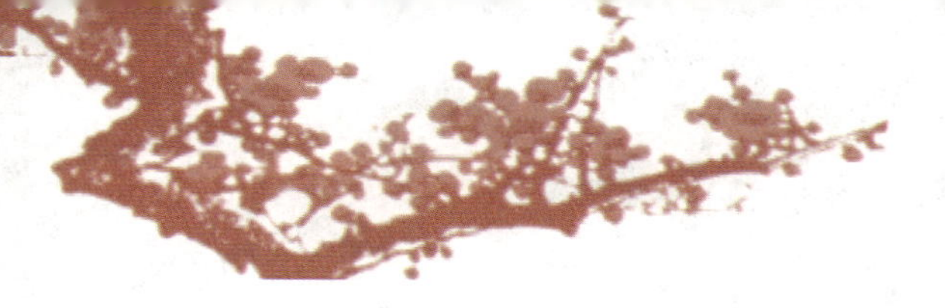

前　言

旅游体验师（员）是随着景区旅游向全域旅游、观光旅游向体验旅游转轨过程中衍生的一种新职业。温州市之所以自 2013 年以来试行旅游体验师（员）制度，是因为长期以来不少旅游城市在组合包装、推介旅游线路与旅游吸引物时，往往习惯于凭旅游部门的主观意愿，没有透过陌生看熟悉、没有通过别人看自己、没有迎合市场来定制，致使将资源作为产品来叫卖吆喝，不少旅游线路产品看起来不错，体验起来却大异其趣，与宣传的主题大相径庭。因此，在 2013 年《中华人民共和国旅游法》颁布实施之际，温州市旅游局秉持“只求所为，不求所有”“和谐旅游，服务民生”的理念，通过试行旅游体验师（员）制度，切实维护旅游者和旅游经营者权益，充分发挥旅游体验师（员）对旅游产业的检验完善作用，促使温州市旅游目的地和产品线路的转型升级，推动旅游行业服务品质的提升。

温州旅游体验师来自各行各业，有敏锐的洞察力，也是接地气的温州旅游达人。温州旅游体验师通过对温州旅游产品线路、目的地进行体验或暗访，督促它们整改存在的问题，提出建设性意见和建议，竭力促进旅游行业管理服务水平的提升。同时，借助体验师独具慧眼、别出心裁的游玩，挖掘出一些新奇的东西，提出一些建设性意见，帮助市民更合理地规划旅游，并利用微信等互动媒体平台宣传和推广温州旅游，为旅游爱好者提供更多有价值、细节化的信息和旅游攻略游记。体验师们通过实地体验、查漏补缺，向主管部门提出提升游客旅游体验的建议，使温州的旅游产品更加适合现在的消费市场，更加满足旅游者的消费心理，从而推动温州旅游向更高层次发展。

2013年12月，温州市旅游局率全国之先出台了《关于试行旅游体验师（员）制度的实施意见》，聘任了郭宁剑、高宇一、叶其蔚、华璐、李艳、金晓飞、刘伟作、谢绮频8人为首批“温州市旅游体验员”。作为市旅游局特派体验员，旅游体验师（员）免费玩转温州，并对全市旅游线路产品、配套设施建设给出综合评价。

2014年5月31日，21位骑行勇士顺利完成环瓯骑行。其中吕华国、陈莲华、余宗银3位骑手荣获“温州旅游体验师”称号，受邀成为温州骑行旅游的“顾问”。

2014年12月6日，温州市旅游局、龙湾区风景旅游管理局邀请5位旅游体验师，走进国家重点文保单位永昌堡，为永昌堡旅游景区创建出谋划策。

2015年7月22日，温州市旅游局召开了“2015半年度旅游规划发展工作暨旅游体验师（员）工作推进会”，为25位新聘任的旅游体验师颁发了聘任证书。

2015年9月21日，温州旅游体验师自发组建的“旅游体验师”微信公众号正式上线，通过这一独立的第三方原创平台，分享每一位体验师的所见、所闻、所想、所感，为读者和旅游爱好者奉上个性独具的体验游记。

2016年3月11日，作为国内当时唯一一支高标准、专业化的体验师队伍，温州市旅游体验师组成“观察团”，赴市区大罗山盘云谷文化创意村，实地考察体验温州市首批认证的旅游社区。

2016年6—8月，温州市旅游体验师对温州市多个3A预备景区进行了暗访，并上交了详细的检查报告。

爱生活，爱旅游，爱在山水之间；看风光，看人生，看出真实自己。每一位旅游体验师通过生动鲜活的文图传情达意，寄情山水，幽思怀古，观照现实。

几年来，温州市旅游体验师们提交了不少暗访报告，同时也撰写发表了有独到见解的体验游记、摄影作品与山水画作。在此基础上，我们精选了部分作品，编辑成册，定名为《温州旅游体验师报告选编》，由中国财富出版社出版发行。在此对各旅游体验师的辛勤劳动表示感谢，同时也感谢中国财富出版社及编辑的支持。

旅游体验师撰写体验师报告属于一项全新的工作，其中既有探求的艰辛、创新的乐趣，也必然存在许多不成熟之处，恳请读者批评指正。

胡念望

2016 年 11 月 21 日

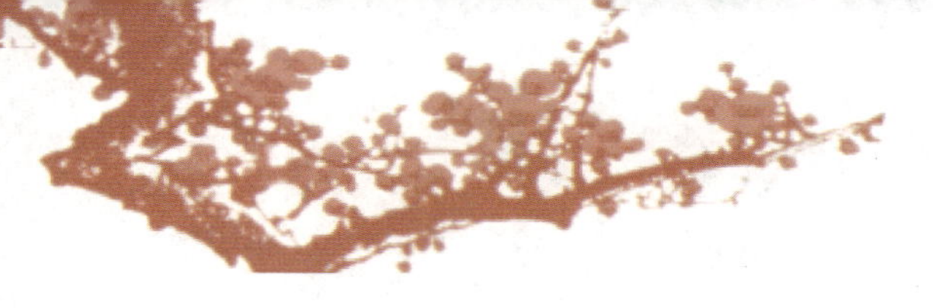

旅游体验师工作感悟

高哲：我眼中的旅游体验师，是一批旅游专业人士站在普通游客的角度，去体验路线和景点，做出客观评价，这是一种“角色互换”。

谢绮频：一路走，一路玩，你会发现温州的旅游资源很丰富，有山有水，还有着美丽的海岸线。我很希望能够为温州成为著名的旅游城市出一份力。

刘伟作：作为旅游体验师，我几乎走遍了温州 11 个县 (市、区)，温州丰富的旅游资源深深吸引了我这个新温州人。不要崇洋媚外了，多看看温州的美景吧。

潘忠孝：游天下之风景，揽美丽之心情。单车、单骑、单人，足矣！

郑显燕：温州其实还有很多美景藏在“深闺”里，需要有心人去慢慢发掘。作为旅游体验师，我会在未来 3 年的聘期内，多走走，多挖掘身边的美景，然后推广出去。

杨凤燕：我理解的旅游体验师，是要通过自己对景点的亲身体验，汲取其中有价值的经验并提供给游客。

蒋忠军：以我们的视角与大家一起分享温州的美景。

高宇一：把温州景区的风景文化精华展示出来，让更多的人一同感受。

李泓毅：旅游体验无终点，我们一直在路上。

周建海：用双脚丈量旅程，用慧眼发现美景，用相机留住精彩，用游记分享感悟。

王毅：家乡的山水总是特别的绿，家乡的海鲜总是最鲜美，家乡的空气里似乎总有一种能让人静下心来的东西，让离家远行的你，会不自觉地放松下来，如同回到了母亲的怀抱。以前，还以为这仅仅是因为一种家乡情结，但是走过了那么多的地方，心里暗暗比较，觉得我们温州的山水旅游资源真的非常丰富多彩。这里不仅有名闻天下的雁荡奇秀的山，让汪曾祺先生惊叹过的楠溪江通透碧绿的水，还有号称中国最美十大海岛之一的南麂岛，就是不知名的山村水乡边的一个角落，都会寻找到让你惊叹的美！温州还有那么多人文古迹，这块古老的大地，钟灵毓秀，在现代化的进程中，又处处焕发新的生机。作为旅游体验师，我觉得，我们的任务就是去寻找、发现温州这种充满生机活力的美，把这种美带给我们的父老乡亲，带给每一个来到温州的人。

胡念望：温州旅游体验师是热爱生活、关爱旅游的群体，他们来自于不同的行业，对旅游有着不一样的视角与感悟。在景区旅游向全域旅游、观光旅游向体验旅游发展的过程中，更多地需要透过陌生看熟悉、经过体验提建议，旅游体验师将他们亲身体验的温州之美告诉大众，将旅游发展中存在的不足告诉我们，从而使我们的出游选择更趋多样性，让温州旅游的明天更加美好。

目 录

Contents

一、仁者乐山

二、智者乐水

三、面朝大海

四、美丽乡村

五、驴行户外

六、人文旅游

七、体验报告

八、媒体报道

附　录

一、仁者乐山

温州“七山一水二分田”，延绵群山雄壮秀美，拥有列入世界地质公园的“海上名山”“寰中绝胜”雁荡山，雁荡山还是“三山五岳”的三山之一，国家5A级旅游景区。温州有国家级森林公园5处，其中国家级自然保护区乌岩岭因负氧离子实测爆表，那里的空气被称为“中国好空气”。我国东南沿海城市最大的“绿肺”——大罗山有龙脊奇观和天河胜景；玉苍山怪石密布，铜铃山壶穴奇观，南雁荡山、中雁荡山、楠溪江的十二峰、崖下库、四海山森林公园等各具其娇，自古文人骚客纷至沓来，流连忘返。

九峰烟云

金晓飞
（笔名楠溪青黛）

文成的美，就在于山水，有山之青，有水之灵。朱阳九峰尤其不同，每次在文成县城，清晨起来那山顶缭绕的云雾总牵引着我的心，而朱阳九峰一直是我最渴望去的地方之一，它有山水之灵气，有峰瀑之神奇。朱阳九峰位于二源乡境内，在淡阳村（朱阳村）和朱山村之间，偎依在百丈漈风景名胜区东北部，是百丈漈·飞云湖国家级风景名胜区的十大景区之一，虽然听说山路险峻，但我相信藏在深闺的地方风景一定很美，要是拍到云雾中的朱阳九峰一定很震撼。

说走就走，根据攻略要点，我们决定从朱山村进、淡阳村出。在朱山村我们沿着指示牌一路前进，不一会儿，设计新颖、建筑特别的入口“七星寨门”就浮现在眼前。穿过石圆门，但见峡谷深深，岩壁上写着“七星峡”三字。陡峭的台阶，挪步而下，心惊胆战。地上湿湿的、滑滑的，沿着石阶往下走，峡谷两边分列着两爿大石壁，形如石门，人行其中宛如从天而降。我们小心翼翼地手扶栏杆一步一个脚印慢慢往下走，下了七星峡，走过一座小桥，就走近了第一组峰——骆驼峰。

绕过骆驼峰，但见一组山峰，似大象、将军、道士、猴头、笔架，这就是九峰的组照了，九座奇峰巍然屹立在十里山腰，鬼斧神工造就了一组令人震撼的天然雕群。此时，天空下起了蒙蒙细雨，薄纱般的云雾，从山

峰往下弥漫，远山烟云缭绕，雾霭升腾，清秀的山峰在云雾中宛如仙境，云雾中的九峰千姿百态，堪称天下奇观、江南一绝。我不停地按动快门，真漂亮啊！心里满是欣喜，已完全没有起先的畏惧。一路走来，我面对着惟妙惟肖、美轮美奂的岩石想象着一个又一个神话故事。神女峰、天剑峰、十二生肖石、石笋峰就从我们身边飘过，最令人拍案叫绝的是双屏峰，高百余米，远看似两道屏风，近看如一对夫妻悄悄说情话，侧看又若一对孔雀。我们往谷底走了两个小时的山道，竟然没有碰到一个游客，整个山谷只有我们轻轻的脚步声。

龙瀑到了！站在高处向瀑底观望，一阵眩晕，深谷幽幽，碧蓝池潭，把人向谷内一步一步引诱。走到谷底，这瀑布落差大约70米，有那“飞流直下三千尺”的壮观，汹涌的瀑水冲下来向四面飞散，漾起圈圈白色的涟漪与波纹。一条外侧有青石栏杆的从石壁间开凿出来的通道从瀑布背面穿过，我们从瀑后石径而过，水帘从天而下，万分震撼。龙瀑前面有一座亭子，名为观瀑亭，建筑精巧，风格古朴。我们就在亭子里用午餐，填饱肚子后从龙瀑底下开始往坡上走，沿途还看到了双面岩、鲨鱼石、石神岩。过岩廊见一峰拔地而起，形如千古石塔，回视如一座精雕细琢的玉笙，细看就像两家老少共享天伦之乐，这就是著名的玉笙峰。过玉笙峰是一剑峰，峰形似越王剑“刺破青天锷未残，昂然倒插天地间”，千姿

百态的朱阳九峰就此得名。真是移步换景，一步一景。山路越来越陡，脚步越来越沉重，大家几乎精疲力竭。我们感到特别累的时候，就原地站立休息，喝上一口热水，吃几颗巧克力。终于，我们看到了依山而筑、徽州古建筑风格的“好汉山庄”，原来我们走的就是有名的好汉岭，真不愧为“人到九峰不过好汉岭非好汉”。到了山庄就似到了“天堂”，走出山庄，淡阳出口就到了。

“九峰耸翠入云空，千岩偎依藏迷宫。山开墨画接悬瀑，白云深处觅仙踪。”朱阳九峰峰回路转，变幻多姿，情趣盎然。她像村姑，衣着朴实，虽未经妆饰，却半露琵琶，清纯可爱，还带有那么点神秘感。4个小时的行走，虽然辛苦，却有一种超然物外的脱俗之感。

出游指南：在温州汽车新南站乘车到文成县城大峃镇，转车到南田二源乡下，乘坐出租车去淡阳村或朱山村。自驾车从温州出发上甬台温高速，在飞云出口下，往文成方向行驶，沿新56省道经文成县城，再沿56省道往南田方向行驶，经18千米处左拐，1千米处右拐（经百丈漈镇），出百丈漈镇后往南田镇方向行驶（路口右拐），10千米左右到二源乡，再往朱阳方向行驶（二源乡路口右拐）5千米到朱阳九峰。

秋天的乌岩岭

谢绮频

泰顺乌岩岭，西连福建省宁德寿宁县，北接浙江省丽水景宁县，是国家级自然保护区，山地生态系统完整，物种资源丰富；山岳风光齐全，自然景象美丽。一个秋天的午后，我们闯进了乌岩岭，乌岩岭以红叶簇簇的装扮迎接了我们，用秋果累累的姿态款待了我们。

走进乌岩岭景区，一条溪流横跨在我们的面前，山水岩石，奇珍树木，构成了乌岩岭景区的原始生态，要探究它的内涵，就要逆着溪流而上。

景区的进口，宽敞，幽静，一排笔直的树干，直直地隔出五个位子。每位到来的游客，都喜欢在这里测测自己的身材，原来，这几排树干上，标出了几句话：能通过第一个空位的女士身材，属于“赵飞燕”再现；能通过第二个空位的女士，就是“魔鬼身材”；通过第三个空位就提醒来者需要瘦身；第四个空位通过者就是杨玉环了；如果只能从第五个空位通过，树干上标注的竟然是“喔、喔、喔”感叹词。当然，针对男士，又有另外的词组。就这几排树干，引得我们这些来访者乐此不疲地测试着。大家像是回到了童年的欢乐时光，兴致勃勃地玩起了摆在这里的拓展设施……

此时，午后的阳光照在山峰的深处，透过树叶，在我们的眼前发出耀眼的炫彩。站在写着“乌岩岭”三个大字的石头旁，望着眼前的一幕秋色山林，听着身边的潺潺水声，同伴们的身影，早已淹没在深林中了，只闻到他们欢快的声音穿透出来。“空山不见人，但闻人语响。”赶紧收起思绪，步入上山台阶跟紧人群。一座双层的廊桥，跨越了脚下的溪流，廊桥是泰顺的特色，被列入国家级非物质文化遗产。在泰顺这样山峰间溪流交错的山区。廊桥，曾经是这里的先民赶路歇脚、遮风避雨、聚会纳凉的好去处。而这座建在大山中的双层廊桥，让我们也体味到当时的情景，廊桥内的那些八仙桌及凳子，就是赶路的山民累了坐下歇歇脚、喝口茶的好地方。

游人步道把乌岩岭的山峰峡谷串联起来，使游人既能漫步在山路中，又能很好地欣赏两边的风景，千年的古树，奇珍异木，散落在山谷中，绽放在溪水旁。又要横渡溪流了，这回，一座摇晃的浮步铁索桥，架越过深邃的峡谷，人走在索桥上，脚下却在晃荡，桥下又是深谷激流，一些调皮的同伴，故意把索桥踩得晃荡摇摆，把胆小的吓得尖叫起来。终于走过了，却是有惊无险。

也有些峡谷溪流，可以让喜欢探险的游客通过，但景区有明显的标示和注明。这些峡谷是没有建造游步道以前，进入乌岩岭的必经山路。穿越了这么一段探险的山谷岩石，在原始的溪涧丛林小路与溪流来了个零距离的接触，在气喘吁吁中，大口地呼吸，任空气中的负氧离子，在我们的呼吸中碰撞。

脚下的路一直在延伸，一直伸向大山的深处，一个个景点跳入眼帘，豹跳峡、彩虹瀑、合欢瀑、白云瀑的飞云江源。

过了豹跳峡，一条瀑布飞泻而下，落入清澈的潭中，这就是叫“彩虹瀑”的瀑布，因为它有时在阳光的映照下，能架起一道绚丽的彩虹。由彩虹瀑开始，在陡峭的峡谷上，壶穴密布，瀑瀑相连，大自然的鬼斧神工，把乌岩岭打造得山水共辉。

“合欢瀑”是两条组成X形的瀑布，两条瀑布在悬崖峭壁上会合后又分开落入水潭。神奇的瀑布，一个连着一个，怪不得这一带被称为“壶穴景区”。

白云瀑，是一条宽阔的瀑布，从天而降，分散在一大片的悬崖上飞泻而下，这水流就像白云飘浮在峭壁上，大概也是这个原因，叫作白云瀑吧？而这里的水流是乌岩岭最高的瀑布了，所以又叫“飞云江源”，即飞云江的源头。无论是飞流瀑布，还是涓涓溪流，最后都流入江海，汇集成浩瀚的江海之水，大自然的造化真是奇妙至极。

从这里过了“卧虎洞”,出现一个三岔路口,带队的景区管理员告诉我们，向右走，就可以登上“白云人家”，一直到温州之巅“白云尖”。这里已建成游客步道，只是太阳快要落山，时间不允许再登高，我们只好向左走返回。在“半亭揽绿”观景台上，看到群山竟被我们踩在脚下，山峦起伏，一片生机，大片大片的绿色中挟带着色彩斑斓。秋天的乌岩岭，是五彩缤纷的世界。

小若岩栈道探访记

周建海

大若岩景区名声赫赫，小若岩景区却深藏闺中无人识，随着小若岩景区栈道开发接近尾声，小若岩逐渐掀开神秘的面纱。小若岩知名度虽低，景致却不逊楠溪江各个景区，据清光绪《永嘉县志》载："在城西北百里，层岩壁立，水石清奇，西南有洞，下临深壑……天下之奇，果尽于此矣乎……固叹山川秀发，引人兴致如是哉……小若之奇，真足卑雁荡、侮玉甑，为瓯中第一，不诬也。"自2015年起，41省道南复线岩头至大若岩段公路通车，从岩头到小若岩也非常便利，那就跟随我来探访这新景区吧。

自驾玩小若岩景区，如果原路返回既耗时又没劲，一般是埭头村上，大东村下，但小编推荐从大东村上，车停在南复线小若岩隧道南口最方便，经小若岩栈道，埭头村下，这样的线路好处是：①爬山结束，正好直接在埭头村的农家乐吃饭休整；②走回停车点需要15~20分钟，利用点菜时间，可以让司机一个人去把车开回来；③有多余时间可以参观中国景观村落——埭头古村；④如还有精力，参观崖下库也很方便，步行仅需10多分钟，也可以从小若岩栈道出口直接转入崖下库栈道。

导航"小若岩风景区"，途经楠溪江的九丈甸园、香樟花园、永嘉书院，到南复线上的导航终点时，继续沿南复线往北行驶500米，到达南复线小若岩隧道南口，就地停车。上图这些停车，都是冲着小若岩栈道来的，目前没交警抄牌。

隧道左边的石阶和凉棚，从这里开始起步上山。

再确认一下路线，上山 2 分钟走到这个水库哦。

一路伴溪而行，时涧时瀑。因为刚开发，景区还比较原生态，蜻蜓特别多，野趣天然。登山约半小时后，就可以看到高处悬崖危嶂上的凌空栈道了，忐忑的心立即激动起来，爬山也立马来精神了。

“栈道封闭”，吓我一跳，好在门没上锁，可以通行，虚惊一场。铁门上方有岔路，是小若岩胡公大地庙，顺便参观一下就可以折返。

小若岩洞及胡公大地庙。很好奇没栈道的时候，善男信女是怎么上来的。

给自己露个脸。

这条上山的路是通往山顶九龙寨的，是栈道中唯一的分岔路。休闲游就不要登顶了，继续沿栈道走。

栈道犹如腰带，横贯山腰，连接好几座山，全长 1730 米，满眼皆景。

壁立千仞，苍崖如画，人行其中，如入仙境。

到小若岩悬崖栈道尽头了，靠左手下的石径是埭头村，靠右手下的栈道是通往崖下库的。选择埭头村下，方便取车；没去过崖下库的游客可以选择右手下的栈道，但进入崖下库景区时需要补票。

下山全程都是新修的石阶，蛇行而下，经过两个小水库。路上可以远眺崖下库绝壁栈道。

快到山脚下了，埭头村看得很清楚了。

马上到村口的大樟树了。埭头古村是中国景观村落、国家级生态村，2014 年被农业部评为中国最美休闲乡村，古村依山而建，错落有致，值得观赏。

大樟树边的楠风楼是村里唯一的农家乐，推荐品尝。

为了不让您走错，这新景区的行程介绍得够清楚了吧，您也来先睹为快吧！

出游指南：

（1）景区建设中，安全尤须注意，部分护栏的钢化玻璃已碎，请勿靠近，勿做危险自拍动作；部分台阶未建好，部分路段有钢筋裸露，注意行走安全。

（2）全程约 3 小时，游步道基本无遮阴，注意防晒。

（3）除起点、终点，途中无售卖饮料、食品，注意自备。

以氧之名，且往养生

冯冬珍

雁荡山森林公园在净名谷内。我是极喜欢“净名谷”这个名字的，洗涤尘埃，放空自我，吐纳生息，唯有净名。

一入森林公园，便有免费导游义务讲解，应该是实习生。我是等不及他的娓娓道来，就沿着“净心潭”岸边向前冲，只想投入林子的最深处。

前面最热闹的莫过于森林茶院前的游乐场，梅花桩，荡秋千，各种游玩，大人小孩都喜欢。

森林公园确实是个放松身心的好地方，各种游玩设施，不挑年龄性别，不在意你是热情还是恬静。若真心不想动，不妨欣赏下森林茶院后面峭壁上坠落的飞花碎玉，墙根旁静谧的碧潭清波，心中也便觉得繁华散尽，平和坦然。

爱热闹点的，比如像我这种《我是特种兵》的电视迷，看到这个真人CS（反恐精英）练习场，就迫不及待地要好好过上一把瘾。

玩过闹过，拾级而上，一路都不冷清。整个森林公园，简直是铁皮石斛的种植基地。道路旁的树上，几乎全在树干上仿野生地绑种上了铁皮石斛。这种喜爱温暖湿润气候和半阴半阳环境的植物，据说能降血糖、增强机体免疫力，近年来颇受大家的青睐。森林公园得天独厚的自然环境，给了它们良好的生长空间。朋友们要是游玩完毕顺便带一点回去，岂不也是美哉？

森林公园的景点颇多，松鼠迎宾、三面红旗、生命之门、维摩脚印……雁荡山的山石就是这样，一景多变，移步换形。你若是跟着导游，完全可以领略到一座座山峰不同的浪漫故事，还有铁城嶂“势若长城，色如黑铁”的巍然奇诡。因为我完全是随性的自由行，所以只把身心献给这负氧离子 10100 个 /m³ 的天然氧吧，肆意徜徉。据说，负氧离子在 10000~20000 个/m³ 的森林瀑布区，人体具有自然痊愈力哦！这么神奇？

继续向上，登上山顶，更有各座奇峰怪石在高处。不过我被尚未到山顶的下山滑道吸引了。把垫子绑在身上，一屁股坐到滑道上，就可以飞速滑下去！是啊！亲爱的男女老少们，一起嗨起来吧，让欢笑声夹杂着尖叫声，淹没整个山谷！

就这样一下子来到了山底！建议出谷的时候，可以不原路返回。山脚下，雪瀑梅湫的瀑水从断崖飞流而下，水帘洞的洞穴由球泡流纹岩剥落形成，就这两处景致，也足够你驻足良久。

在往外走的路上，我们另辟蹊径，从“净心潭”的另一侧出公园。那是一条在建的小回廊。绿树掩映，水波不兴。若不是亲身从这里绕过，你断然不能感受到，从潭这边远望人间那片熙熙攘攘，瞬间悟得的疏阔与了然。

出了景区，如果有人想住下歇一晚，左侧路旁有一幢名叫“南亚小栈”的民宿。干干净净的院子，宽宽敞敞的藤艺沙发，悠悠摆摆的秋千架，热情四溢的三角梅，饱满轻垂的情人泪，郁郁葱葱的铜钱草……不知您可喜欢？

进得森林公园，无物无我；出得森林公园，且斟且酌。得闲，得乐，得放肆，得宁静。正如一直骑行在景区和动车站之间的当地三轮车夫所言：这里，就是树多，空气好，爬爬山，静下来，养养身体。足矣。

温州山景钢笔画

蒋忠军

对于美景，很多人都是用镜头记录下来，而我却喜欢用钢笔作画，让市民看到不一样的温州。作为土生土长的温州人，我认为家乡的美是无可比拟的，希望用两年的时间把温州的景区创作成温州美景钢笔画系列，更希望通过自己的画笔，让更多的人看到温州的美！尽管一个人的力量有限，但为温州的旅游推广出一份力，我义不容辞。

雁荡山灵峰

白天，你似睡非睡，似醒非醒，用阳光和绿叶作羽翼，让自己在尘世的喧嚣中悄然消隐。夜晚，你灵动的双眸顾盼神飞，轻盈的身姿在形体的幻化中暗藏着俗世的玄机与暗语。夜幕下你是一面心灵的镜子，与每一个对望者窃窃私语、互诉情愫，每一个沉睡的灵魂都会在与你的对视中苏醒。

雁荡山显胜门

两崖高耸两百米，间距十余米，一张一弛，一刚一柔，硃头溪和松坡溪恰如虞姬舞于霸王之前，两相映衬，便成无限风光。

雁荡山灵峰

雁荡山显胜门

雁荡山方洞

云崖天廊，奇观迭起，关刀洞、云天桥、倒挂金钟、梅花洞、聚仙阁……目不暇接，令人惊叹，万丈悬崖间的铁索桥更是让人胆寒。雨天还可以看到烟雨朦胧的奇景，堪称一绝。

雁荡山方洞

雁荡山羊角洞

后有千仞绝壁，前有万丈深谷，神秘莫测，洞区建道观玉蟾宫。山门右照壁上书“羊角洞天”四字。

楠溪江岭上人家

你说你深藏了400多年的心里话，可有人愿意听？你说你备好了油而不腻的烤全羊，可有人愿意尝？我说：我有一壶酒，足以慰风尘，把盏田园里，甘为岭上人。

雁荡山羊角洞

楠溪江岭上人家

楠溪江石桅岩

管它云雾如潮，淹没群山；管它溪水环腰，宽窄急缓；我自拔地擎天，堪称“浙南天柱”，无愧“华夏之冠”。

楠溪江芙蓉崖

远看你如花盛开，近看你水映山崖，当夕阳西下，看着你留在芙蓉池中的倒影，充斥在我心里的就只剩下那绝美的诗句——“清水出芙蓉，天然去雕饰”。

楠溪江石桅岩

楠溪江芙蓉崖

中雁荡山

四面断崖绝壁，地貌奇特，可见峰峦陡峭、洞谷深邃、岩奇石怪、溪碧泉清。

中雁荡山

大罗山

你从传说中走来，如同天然屏障，守护着温州的生态；一篇来自朱自清先生的《绿》，道不尽你那梅雨潭、梅雨瀑的美。倘若客远来，定醉山水间。

大罗山

文成月老山

阳光菲薄，岁月静好，你隐身于红尘深处，流光在你郁郁葱葱的树林里投下斑驳的暗影。碧湖青山，月老庙下千里姻缘一线牵。守望一人，于百转千回后，执子之手，与子偕老。

文成月老山

二、智者乐水

山因水而灵，水因山而秀。温州拥有“中国山水诗摇篮”“天下第一秀水”——楠溪江，是国内唯一以田园山水风光著称的国家重点风景名胜区。来楠溪江漂流是必玩的，充分体验“小小竹排江中游，巍巍青山两岸走”的意境；“中国四大名瀑”之一的大龙湫和被誉为中华第一瀑的百丈漈，都是人生不能错过的；永嘉县黄檀溪水利风景区和乐清中雁荡山水利风景区是国家级水利风景区。“神水宝地”“天下第一氡”承天氡泉，自涌温泉，康体疗养；仙岩梅雨潭借朱自清之笔，获“天下第一绿”，寨寮溪银瀑碧潭；瑶溪“溪石皆玉色”；畲乡梦境龙麒源绿潭清溪，皆是带上家人亲水的好去处。

避暑胜地雁荡大龙湫

谢绮频

雁荡山的大龙湫，这个景点被开发出来，距离现在大概有1000年的历史了，北宋科学家沈括在他的《梦溪笔谈》里就提到过雁荡山的大龙湫。而明朝的徐霞客在他的《徐霞客游记》中又对大龙湫进行了详细的描述。近年来，作为国家5A级旅游景区的雁荡山，又首推大龙湫为极品景点。因为它的瀑布落差197米，被誉为中国“四大名瀑之一”，以其变幻多姿，蔚为壮观，而令人叫绝。

我们在夏天一个炎热的午后，走进了大龙湫景区。云雾绕在山腰间，迷蒙的山有却似无，山路千回百转，我们却似漫步平路，这就是雁荡山奇特的路况，虽说是走山路，却如在走平路。走进景区没多久，一座山峰就出现在眼前，导游给我们讲解，目前看到的这个山峰，形状像一把剪刀，顾名思义叫“剪刀峰”。但随着我们的走近，角度的变换，山峰的形状也发生了变换，这个山峰又变成了一个古代的女子，而整个形状像“昭君出塞”时的一个造型。才行不久，看到的是巨熊攀岩，导游叫狗熊偷蜜，再转个方向又变成耸立的桅杆，像倚天柱，导游叫桅杆峰。大自然的鬼斧神工造出巧夺天工的剪刀奇峰山，所以移步换形、变态无穷，令人叫绝。

随着景区的深入，空气中透出的凉爽也渐渐浓郁起来，道路两边的参天大树把日光挡在了景区外面，伴随我们的是氤氲的负离子，抬头仰望，高大茂密的松树叶子在空中搂抱在一起，我们根本看不到天空，宛如行走在树木的走廊中，漫步在林荫的道路上，夏天的炎热，已远远地离弃了我们。

突然，远处有轰鸣声传入耳中，周围似乎下起了毛毛细雨，抬头一看，那悬在天空中的一条瀑布正在飞泻而下，落入树群中。

再转几道山湾，终于到达大龙湫瀑布前，眼前的大龙湫瀑布从龙湫峰背上直泻而下，仔细观察，那龙湫瀑在顶端看得出是一条气势壮观的水柱，到了三分之一处时就或窄或阔，时横时竖着，不断变换姿态，它跌下来的姿势又如许多条小龙，细看流水如龙头、龙尾从水柱里四散着射开来，也许就是它那变幻莫测的形状似一条呼啸而下的龙，才被人们称为大龙湫瀑布的。再看那大龙湫，奔到悬崖的一半时，集中向下冲击的水柱随着风力的大小和风向的不同突然变成了缥缈的水雾，导游说这个就是大龙湫和别处瀑布最大的不同之处，百米以下全是烟！再走近一些，轰鸣作响的水声让人心头涌起了无限的惬意，而如烟雾般的小“雨”丝飘到脸上，飘到了身上，丝丝的凉意，令人心醉。

大龙湫的水潭上，一叶竹筏时而停靠，时而载着游客，深入瀑布底下，去感受那呼啸而下的瀑布的威力和魅力。

我们跨过丁步，来到大龙湫的右边，在这里，更能亲近瀑布了。望着眼前这飞泻而下的瀑布，洒落在水潭中的浪花，有时看上去像闪电击落在水中，有时又像大师的豪笔，在泼洒着喷墨，写下龙飞凤舞的字体。突然，一股瓢泼大雨袭击了遐

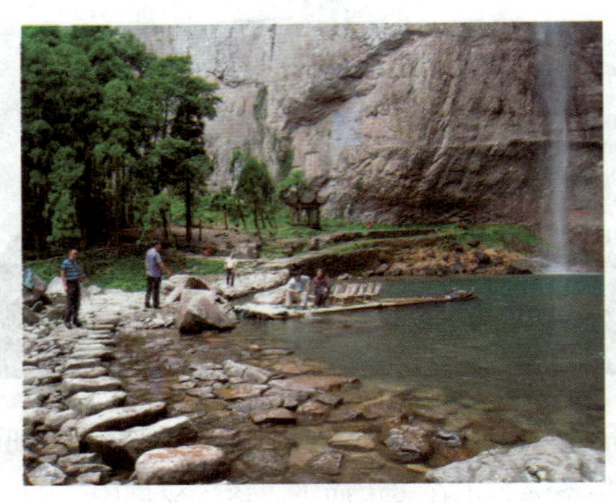

想中的我，抬头一看，那风，竟直挺挺地把这巨大的瀑布移动到我们所站的位置，惊起我们慌忙后退，但已被淋湿了一身……等到回过神来，那瀑布又被移到了远处，这就是汹涌澎湃、气势宏伟的大龙湫瀑布的写照了。

我们顺着山涧的溪流，沿着山壁的栈道，一路悠闲地步出绿树丛丛的景区，外面，夕阳西下，抬头，竟有一道彩虹悬挂在风起云涌的群山前……

亲近百丈瀑

金晓飞

百丈瀑在我的心目中是永嘉小楠溪最美的地方，它离温州市区仅有一个多小时的车程，这里曾不止一次留下过我与它亲近的身影。

当我们踏入百丈瀑景区的那一刻，便被那大大的翠绿草坪和溪水的碧波荡漾迷住了，远处的山崖依旧，古典的长廊和依山而建的小木屋又找不到当年的丁点印记，在草坪的边上，竟然建造了两个 16 米高的塔楼，现场有景区的专业教练正带着几个游客朋友玩攀岩、钢丝横渡项目，看他们玩得如此惊险，不由让人暗生佩服。

我们迫不及待地找到自己预订的小木屋先入住，这些森林里的小木屋依山傍势掩映在茂林修竹中，高高低低，错落有致，各木屋间都有鹅卵石小道相连。这里完全按五星级标准装饰，豪华，清洁，休闲、卫生，一切硬件齐全，有小标间，也有带客厅的双标间和大床房，还配有可以喝茶聊天的大阳台，木屋内的沙发、桌椅也全都是实木制作的，既环保又自然，颇有欧式乡间别墅风情。能在这样的地方居住一天，孩子的脸上瞬间灿烂如花。不知不觉间，夜幕已悄悄降临，仿佛一刹那夜灯亮了，小木屋笼罩在远远近近这些夜色里的星星灯火中，竟是那么的生动、神秘，在光影流转里，一如童话故事里的宫殿一样，美轮美奂，似乎置身在一个虚幻的梦里。我带上相机漫步在这样的林间小路上，自由自在地徜徉在光与影里，与昆虫的叫声和流水的梵音共鸣，没有嘈杂，没有纷扰，静静地享受这片刻温

柔的宁静……在别人眼里是不是一种特别的浪漫呢?

第二天清晨，天刚刚有点颜色，我背着单反三个镜头和脚架就沿着一条山路，径直往里走。百丈漈周围都是悬崖峭壁，沿着瀑布右侧的游步道可以登顶，当年那条充满荆棘的穿越路已变成了登山步道和悬空栈道，上行一千个台阶如在云雾中漫步，渐渐超越了128米的百丈漈，登上了108步的将军岭，沿途还可欣赏悬棺洞、千佛崖、天烛峰等自然景观，仿佛置身于“流纹岩天然博物馆”，最后到达垂直高度400多米的将军峰点将台，风悄悄地扑面而来，但见雾岚升腾如梦如幻，如密密层层波浪汹涌，阳光照耀在山崖上，奇峰怪石历历在目，不禁挥旗鸣鼓，豪气顿生！我沉浸在这凌空之乐，感觉自己与天地融为一体。等到依依不舍下得山来，才惊觉全身湿透，却被迎面相遇的乡民大大地表扬了一番。

用完早餐我们换了衣服沿着陡峭的小路朝着瀑布的方向走近它，瀑布下面的深潭就像一块未经雕琢的美玉，晶莹剔透，任你轻轻地抚摸她。炎

炎夏日热浪压得人无法喘息，阳光下的山谷却清凉自在。周围怪石林立、栩栩如生，浓浓的绿意如诗一般甘醇，独特的自然之香沁人心脾，这里简直就是一座天然盆景园。

那水飞泻而下，化成一条条水帘，犹如姑娘细柔微烫的发丝在随风飘舞，我想在水源丰沛时水流凌空而下，银花四溅，一定水声隆隆。我收起相机，站在瀑布之下，索性闭上眼睛静静地冥想。点点水花飞溅到身上，负离子在空中飞旋，清凉顿时从心底里扩散开来。有阳光照射过来，彩虹幻出，五彩缤纷，光彩夺目，使人如入混沌迷蒙之境。我张开双臂，静静地接受大自然的洗礼，感到自己在慢慢地消融，变成水珠四溅中的一粒，跟着凉风一起飘飞，抚过绿叶、岩石和尘土，最后又融于那一团绿水之中，仿佛整个的人都被这一切吸收了进去，与大自然融为一体。

我们还不过瘾，各自换上泳衣，捧一匊甘冽纯净的清山之水来浇灌曾被遗忘呵护的身体，让我们把骨子里好玩的天性尽情爆发出来，一起去享受青山的气息、绿水的滋味、这份自由自在的快乐和恣情时与灵魂相碰撞

的那份久违的惬意，暂时忘掉钢筋水泥之间的奔波和工作中的烦恼。我们在水潭里和水花共舞，与清凉为伴，真真切切地感受了一番戏水狂欢的“亲密无间”！

亲近百丈瀑，幽谷清流和秀峰奇石让人难忘与自然交流时的“陶然忘我”，难能可贵的是景区动与静的结合，在户外运动之后又能体验童话小木屋的慢生活。我还要带上女儿再次投入她幸福的怀抱，百丈瀑，请等着我们!

出游指南: 自驾线路是温州—上塘—沙头镇九丈大桥往左大若岩方向—大若岩镇—府岸村。

九珠潭——小风景也风流

李 艳

秋高气爽之周末，每刷一次朋友圈，满屏的瓯越山水甲天下。宅了许久又有些关节炎的老姐打电话来，无论如何这周末安排一个“山不太高，好爬要紧；潭不太深，碧绿就行；瀑不太高，潺流便灵”的好地方出游。好吧，求助万能的度娘，我选下了仅1个多小时车程的瑞安寨寮溪九珠潭。

带着是先吃饭再游玩，还是先游玩再吃饭，抑或边游玩边吃饭的疑问，且行车且困惑。有道是“车到山前必有路”，在景区的停车场，收费老大爷头也不抬、腰也不挺地数着零钱嘴里却友善告之：“景区旁边有一农家乐，炒面、炒双粉是她家的特色菜，值得尝尝！”

农家乐并不大，人一多，桌子、椅子就搭在竹林里，却更得我们的欢心。椅子是那种高背的乡下竹椅，客茶是那种甘甜的农家凉茶，周末生意好，我们晒着太阳，喝着凉茶，聊着闲天，先上来一盘秋收的板栗垫着肚子，其实已经惬意融融……

等吃饱喝足休息够了，便进入九珠潭景区。远远地就听见潺潺的水声，转一个弯，面前已经出现一汪碧潭，一帘白瀑。开始对美术有所入迷的女儿拿出画本席地写生：这灵动的瀑，这平静的潭，这形肖的岩，沙沙数笔，速写成形。在写生的孩子眼里：大自然，才是最安分、最耐心的模特。

游道依山盘旋，右手绿树成荫、岩石交错，左手瀑落玉潭、溪水流潺，行三五步便有一个缓坡，这是一条轻松、幽静的登山之路。每走几十步，眼前便展现出一帘水瀑，一汪碧潭。望景生义，大概这山迭串了九只玉潭，九条飞瀑。不过200米高的溪谷，因为水的千变万化，或是细流，或是浅滩，或是飞瀑，或是玉潭……变得柔骨百媚。

山上有座亭，亭外是村民摆了一溜的山货，亭里是驻足歇息的游客。买上几只煮得软糯的玉米，或是选上一捧蒸得甜香的板栗，给村民带点细水生意的热闹，给自己捎上一份五谷粗粮的朴实。一抬头见一小孩随手丢

下一张纸巾，便脱口劝说：保护景区便是保护我们的后花园。小孩羞愧地捡起纸巾丢在垃圾筒里。亭子里竟响起一片掌声，而背着纸篓拿着火钳捡垃圾的老妪舒展了深壑的皱纹，咧开掉光了牙齿的嘴巴笑了，那笑带着一份感激的羞涩。

上山有上山的风景，下山又有下山的风景。碧潭飞瀑已渐行渐远，岩石却展现了它刚毅的全貌。俯首而视，神龟静卧水中，大有风不动我不动，风若动我亦不动的淡然处世之势。

九珠潭其实是寨寮溪风景区的一个组成部分，你可以利用一个半天的时间独立成行，也可以利用整个周末醉玩在周边的花岩、回龙涧、玉女谷等景区。短游长行，客随主便。

印象南塘

郭宁剑

南塘，顾名思义，乃城南之堤塘。初时应为海沟。沧海桑田嬗变，海沟渐成为浅海、泻湖、入海水道，沟通了鹿城至瑞安的水路交往，是为温瑞塘河，旧称南塘河。自东汉（138 年），“发民疏浚三溪水汇”以来，历朝历代为畅水路、除水患，多有浚河之举。到南宋淳熙十三年（1186 年），时任太守沈枢倾尽库银，纠集民力疏浚鹿城至瑞安长达 70 余里水道，修缮东岸石堤，铺设石板，更在巽山脚下加固山前陡门，节制南塘河水，辟作“南塘驿站”。缘河遍植莲藕，河岸栽橘种桃。从此，鹿瑞之间“水行御舻，陆行蹑踵”，得有“旧时驿路，百里荷花”的美誉。

其实，南塘栽花种荷习俗由来已久，非自沈枢始。公元 422 年，出身名门望族，“自谓才能宜参权要，既不见知，常怀愤愤”的山水诗宗师谢灵运贬来永嘉府任职，病后出行诗记《游南亭》：泽兰渐披径，芙蓉始发池。《说文解字》释：荷花“未发为菡萏，已发为芙蓉”。这大概是最早记录南塘荷花的诗文。其后，南塘荷花诗便不曾断绝过。如唐代温州刺史张又新《百里芳》描写南塘：时清游南徂暑，正值荷花百里开。宋嘉熙二年浙江省高考状元卢方春写《莲塘》诗惦记：莲塘有清气，永夜南窗开，引滴不待瓢，折篙为酒杯。明代参与修编《永乐大典》的瑞安才子虞原璩在《同郡庠诸友泛舟南湖分韵得入字》感慨：南湖雨余新水急，棹压荷花衣欲湿。清嘉庆温州名士周衣德，《南

郭泛舟》颂赞家园：若教六月游南郭，饱看荷花百里香。长流不息的南塘河，千年荷花诗飘满河，悄然记述了唐、宋、元、明、清历代诗人在此的低吟浅唱。南塘河，荷之河，诗之河。其中最值得一提的，当属北宋绍圣二年（1095 年）温州知州杨蟠，是他最早以《南塘》为题赋诗：出门日已晚，棹短路何长，赖有风相送，荷花十里香。从此，十里荷花就成了南塘和南塘河的代名词。

南塘，是南塘驿路和南塘河的起点。“水行御舻，陆行蹑踵”，人气渐旺，遂成街肆雏形，称作南塘街。南塘街始兴于知州杨蟠。杨知州整修城内三十六坊，南塘河畔商气浓郁，“酒旗翻野色”。至宋室南迁，偏于一隅的南荒之地有幸近傍京畿，繁华渐入南塘街。宋·潘柽《出郭》诗记：酤酒三家市，题诗十里塘，薄云鸥外影，空翠马头香，出郭知无事，寻僧有底忙，终当成野逸，小筑近沧浪。可见当年南塘街酒家旗幌飘风，寺院钟磬声微，临水小筑精雅，丰饶小镇宛然眼前。如今，大量宋代瓦当和北宋龙泉青瓷、太宗至徽宗朝 20 多种年号钱在南塘街现身，由此可以窥见南塘当年繁华之一斑。

生活富足、商业繁华促进了文化的繁荣。诗人毛密在南塘街创立茶院寺南湖学塾。1163—1167 年，永嘉学派承前启后的巨擘陈傅良在此执教授徒，从者数百人，文名大震，以至光宗皇帝都有耳闻。元、明时期，南塘街仍然延续宋代文风。“花落名园芳草满，燕归华屋故巢空。陶潜解印闲

居久，王粲登楼作赋工。”“风前无数蜻蜓舞，柳底成群白鹭过。垂钓老翁真可画，荡舟女子最能歌。”这都是南塘旖旎风光的写照。清中叶，朝廷闭关锁国，推行海禁、迁界政策，温州经济文化日渐陷入颓势，南塘街风光不再。

斗转星移，春迁秋徙，时光流转到 2013 年，经过整治的南塘古街重又开街。据我所知，这是温州市区唯一重修的古街，本以为古味悠然，能让人恍入千年之前。不是吗，南塘街，颇具唐宋雅韵的名号，很容易让人联想到唐宋江南水乡那种冷月摇轻舟、渔歌动水波印象。记起明代侯一麟《奉和家兄南塘楼居书怀》是这么吟咏的：南塘山水清，可以筑钓矶，旷野一登楼，青村四作围，日夜起棹歌，处处见樵渔，野老多农语，东邻闲读书。一幅怡人宜居“读可荣身，耕可富家”画卷。只可惜如今十里荷花觅无踪，棹歌樵渔皆无影，登楼难有望远处，东邻读书已不闻。走进灯火明亮南塘街，我想找寻一段被时光斑驳了的残垣，细数浅浅藓痕，以期聆听娓娓诉说着的千年沧桑；我想找寻一块被岁月打磨过的石板，在深深辙迹内探求，以期窥见千年老街的忙碌；我想找寻圆月穿桥孔，船灯晃水波，短棹咿呀声渐远的气息；我想找寻驿站，找寻风帘，找寻渔翁与溪女，找寻可堪浣纱的清水。如今皆不见了。那些南塘曾经的梦，都不见了。

吟天柱寺

李泓毅

大罗山天柱寺景区一日游，即兴吟诗自娱。

（一）白水千步梯

人工千步梯，横绝大罗山。
石阶偎千仞，铁栏冷霜斑。
松柏裂岩翠，危崖冲霄汉。
山花枝头闹，木荷自烂漫。
左眺美人瀑，右瞰绝壁岩。
梯窄足悬空，阶滑手难攀。
常恐回首望，今日胆犹寒。
治水思大禹，妄谈定胜天。

白水水电站及千步梯全景

白水千步梯

（二）白水水库

精卫填海石，东海独盘盘。
思凡玉女泪，汇泉映岚烟。
又疑瑶池坠，冷妍大罗山。
云影泠泠动，石峰暮色寒。
不见鸟啾啾，唯闻水潺潺。
云影相守望，悠然见青萏。
圣景多梵音，毓毓隐旃檀。
山水本自在，无心不问禅。

（三）天柱寺

天柱峰下天柱寺，群山尘刹互氤氲。
广寒宫里频小憩，西潭水瀑潜蛟龙。
成洞横云挥玉带，旭日朝晖和筠风。
千年冷泉连东海，五折飞瀑传妙音。
云深难觅老虎洞，壁隐不见狮子林。
仙峰吐魄生瑞草，福地含灵紫气升。
郁郁罗山从天降，淼淼东海似雪崩。
胜景曾留谢公屐，古寺常闻钟磬声。

天柱寺落叶

天柱寺盘古湖

三、面朝大海

温州海岛资源十分丰富，南麂列岛是中国首批国家级海洋自然保护区，中国唯一的国家级贝藻类海洋自然保护区，中国最早纳入联合国教科文组织世界生物圈保护区网络的海洋自然保护区，因碧海金沙、草坪如茵，被评为中国十大最美海岛；国家级生态示范区、全国海钓基地百岛洞头是全国唯一以县域命名的4A级旅游区，串联景区的临海栈道惬意又惊心；中国诗之岛、世界古航标、中国四大名胜孤屿之一的江心屿秀如蓬莱，诗情画意。苍南海岸线是中国最美海岸线之一，散布着大大小小的金沙滩，其中渔寮沙滩是我国沿海大陆架上最长最大的沙滩。游泳、冲浪、玩沙、品海鲜大餐，人生快事。

柳垅寻幽

金晓飞

柳垅简介：柳垅沙滩默默无名，静卧于温州市苍南县东南部，“金沙无污泥，碧水清天然”的千米柳垅沙滩为我国沿海所独有，柳垅金沙滩多奇礁怪石，滩平沙软，游客无不被这美丽的沙滩所吸引，是理想的天然海滨浴场和避暑度假的旅游胜地，更是开发水上运动和特色旅游项目和进展垂钓等海滨休闲渔区的最佳选址。

“海边的沙滩是最容易感悟世界的地方。翻滚的海浪生生不息地扑向大地，远远而来又再次离去。”周末逃离喧嚣的城市，放纵疲惫的身心，让自己在大海面前奢侈一回。

霞关这个地名为大多温州人熟悉，有人把它说成浙江的天涯海角，在我印象中只是一个繁忙的小渔港，当第一次听驴友说起苍南霞关的柳垅沙滩时，我立刻对这个浙江近海“金沙无污泥，碧水清天然”的千米沙滩充满了无限的向往。夏天的周末，了解完自驾攻略后，带上两个孩子和帐篷，说走就走，去见识这一片未开垦处女地的风采。

汽车从观美下高速，沿着宽阔的新78省道朝着霞关方向一路飞奔，沿途经过观美水库观景台、矾山和鹤顶山观景台，都忍不住停车拍几张，从南坪拐进乡间康庄公路，看到柳垅沙滩的标示就开始左转，路变窄了，宽3米左右，一路的急弯、陡坡、连续转弯，小车都在小心翼翼地交会，就这样在山间草丛中穿行，绕着十八弯的山路，车窗外是满眼青山。翻过山

顶是连续的下坡，满山遍野的芦苇在夕阳下摇曳生姿，浪漫得很像电影的场景，我连忙停车，“长枪”狂扫一番……

下到山底，眼前是一排简易的海鲜排档，向外望去，柳垅沙滩就这样静静地横亘在我面前，宁静的沙滩倒映着青山的轮廓，潮水拍岸溅起如雪的浪花，令人一下子豁然开朗、心旷神怡。没有喧哗，一切尽显天然清纯。

趁着天未黑我们抓紧安营扎寨，投入拍摄，孩子们迫不及待地换上泳装，投入大海宽广的怀抱，我立好脚架，脚边时不时有浪花在“骚扰”我的长裙，直到朋友们一遍遍地催我们品尝海鲜大餐！海风吹拂，感觉每一种海鲜都特别美味！当夜幕徐徐落下的时候，柴火已经点燃，一簇簇的篝火让人有一种久违的激动，红红的火光映在脸上，洋溢的是兴奋、激动和开心的笑。火越烧越旺的时候，大家手拉手围绕篝火打起圆圈翩翩起舞，不在乎姿势的优美，每个人都尽情地放松自己，让欢乐的声音随风飘荡在温馨美丽的沙滩上。心形蜡烛灯点起来，孔明灯在我们的祝愿声中一盏盏地飞上了夜空，突然地抬头才发现满天的星星眨巴着眼睛看着我。广阔的深蓝色的天空，像一块巨大的屏幕，满天的星斗如宝石镶嵌在蓝色的屏幕中，闪烁着淡淡的光，像一个巨大的棋盘里布满了棋子。一切都寂静下来，空气是如此清新，只有海浪轻轻拍打的声音，星星离我那么近，仿佛这世界就只剩下这群星星和我做伴，夜空，真像一个神话般的世界。

等到孩子提示："妈妈，快一点了，还拍不够吗？"我才收起相机恋恋不舍地钻进帐篷，我舍不得套上外帐，直接让月光斜斜地照进帐篷，清风明月好相伴！听着涛声静静地进入梦乡。

清晨，不用叫醒，在帐篷里睁开眼，满天的朝霞映红了整个沙滩，我们都拿起相机冲向海边，火烧云、梦幻剪影让人目不暇接，一会儿，天边终于出现了一条红线，最令人激动的时刻到了，从一个红点到跃出一个鲜红的火球，我无法用语言形容朝霞映红的美丽沙滩，只有目不转睛地盯着镜头，频频地按动快门，恍若自己正从海的中央，翩翩地飞来……

太阳升得很高时，我们收拾帐篷，吃好早餐后离开海滩。回去的路上看到标示拐进了蒲壮所城，很早就知道它是一座保存完整的明代抗倭防御体系，今天才带孩子亲见。从古城门进入，恍若时光倒流，城内街巷围绕"田"字形设计，排列整齐，街街相贯。古谣称"一亭二阁三牌坊，三门四巷七庵堂，东南西北十字街，廿四古井八戏台"，倒真是名不虚传，骄阳下我撑着花伞带着孩子在城墙上走了一圈，古迹城隍庙、文昌阁、东林寺、西竺寺都历历在目，风吹过来，倒没觉得炎热。

出游指南：自驾从高速观美出口直走新 78 省道，一直到马站通往霞关方向再转老 78 省道在南坪新林节点拐入一条宽 3 米多的山间康庄公路，沿线按路标可驶向柳垅沙滩。

海鲜排档就餐需要提前预订，有泳具出租，凉水冲澡一人 5 元，目前两个景点都不需要门票，在沙滩上烧烤、露营、喝酒、放孔明灯，请记得及时把垃圾带走，不要给后来人留下一片狼藉。

冬日暖阳　色彩西湾

王　毅

西湾有排档，夏日傍晚，蜿蜒曲折的山路上车来车往，被骄阳困扰了一天的人们，吹着带点海腥味的海风，享受难得的清凉，端起一杯冰镇啤酒，满桌的各种海鲜，昏黄摇曳的灯光……

现在，冬日的西湾也有了别样的色彩！

趁着元旦假期，带着家人，去西湾晒晒太阳。晴朗的冬日下午，从鳌江镇的墨城一上山，就看到山路被改建成大红色的自行车道，路旁有红、黄、蓝三原色的自行车运动员抽象雕塑，拐弯处的房子画了满墙的儿童画，单纯艳丽浓郁的色彩让人炫目，抬头看是湛蓝的天空，淡淡的白云，路边是冬日也不愿淡去的绿草绿树，真让人怀疑是不是冬季。

二沙村新建一个休闲点，沿着层层的山路走下去，村里原来简陋的渔村老屋涂上了红红绿绿，连台阶都涂，各种童稚各种鲜艳各种惊喜，一小块平地被铺上绿草，三条小渔船被涂上红绿黄竖成攀登梯，一个旧轮胎漆

上橙黄……小孩们乐开怀，姑娘们忙拍照，远处天际把大片滩涂和蓝天白云连在一起，纵横交错的线条，变幻莫测的光线，吸引了不少摄友，于是惊喜欢笑，呼朋引伴，喧闹温暖……

突然明白了，为什么西湾涂了那么多鲜艳夺目的颜色，原来只有这样的单纯艳丽，才能和这里的冬日、这样的暖阳、这般的天地、这些的人儿相呼应，大俗映衬大雅，大拙怀揣大巧……

洞头游钓之旅：多样体验　别样感受

陈林毅

地点：温州洞头

出游时间：10 月 4—7 日

游玩类型：亲子游钓之旅

选择理由：本人喜欢看山看海，正好最近又喜欢上了钓鱼，借这个机会带孩子体验鱼拓贝雕、感受海洋文化，品尝正宗的海鲜美食，顺便一解自己的心瘾，感受一回海钓的独特魅力。

四天三晚的活动中，我们一家人感受到了百岛洞头的魅力、欣赏洞头的风光、学习洞头的民俗技艺，更是体验到了海钓的无限乐趣。废话不多说，现将游玩的体验和攻略按四个篇章分享给大家。

游在洞头

【望海楼】

来到洞头，首先要登望海楼远眺，一览洞头海岛的无限风光。

望海楼是洞头旅游标志性建筑，其始建于公元 434 年，距今已有 1500 多年的历史。主楼共五层，一至四层分别是帆锚相依厅、耕海牧渔厅、闽瓯风情厅、非遗奇葩厅，集中展示了洞头丰富的海洋民俗文化，第五层为观景廊，在此登高远眺，洞头百岛尽收眼底。望海楼以其历史悠久、建筑雄伟、海洋民俗文化气息浓郁，跻身国内名楼之列，被誉为“气吞吴越三千里，名贯东南第一楼”。

【仙叠岩】

仙叠岩景区以巨石、危石闻名遐迩，蛤蟆欲仙、观音训狮、神龟听经屹立海边，这里的石头造型奇异仿佛由仙人堆叠而成。隔海远望半屏山，水雾升腾缭绕，可谓壮观。穿行于玻璃栈道，脚下波涛汹涌，玩的就是心跳。仙叠岩景区是赏石、观海、听涛的绝好去处。

大自然的神奇就在于创造了这山这石，行走穿梭在其中，别有一番风味。

除了以上两个景点，还有大沙岙、南炮台山等。洞头有着丰富多彩的风景资源，虽然岛内景点比较分散，但岛内道路宽阔通畅，交通状况总体良好，可采用包车、自驾、骑行等多种方式游览洞头风光。

“玩”在洞头

这次出游以家庭游钓为主题，活动安排自然少不了海钓。开始钓鱼之前，会有专业的老师为大家讲解钓鱼的基础知识和注意事项，比如如何甩竿、如何收线等，让我这个初学者受益匪浅。

海钓，包含鱼类、海域分布、季节气候等相关知识，相比淡水钓鱼拥有更大的乐趣和挑战。

【渔排网箱垂钓】

若你和我一样是初学海钓，我建议大可不必急着出海，不妨先去三盘村的渔家乐园看看。

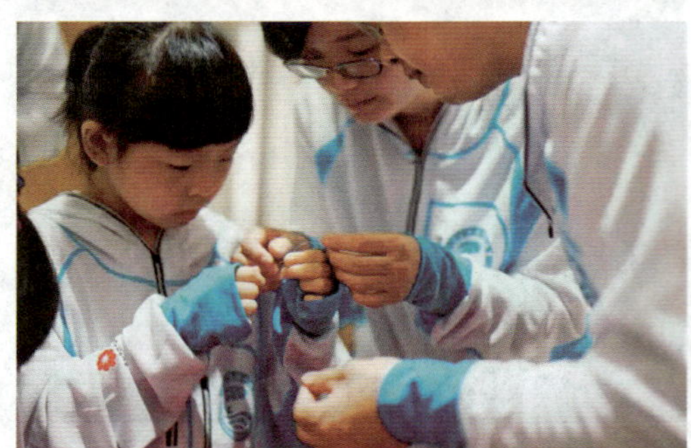

不仅因为这里有热情的渔民师傅指点海钓经验，更因为可以在这儿体验独特的渔家生活。渔民利用橡胶制作渔排，在渔排的方格之间系有绳网，制成网箱，渔民将出海捕获的各种鱼类养殖在这里。

活动安排了以家庭为单位的网箱钓鱼速度赛，孩子们似乎对海钓也很感兴趣，都想一试身手，亲子齐上阵，大手握小手，顿时欢声笑语一片。至于最终比赛结果哪一组家庭获得冠军并不重要，我们只是关注到，通过比赛，培养了孩子们对钓鱼的兴趣，同时也拉近了亲子之间的距离。

之后，熟络的孩子们在渔排上做起了游戏，家长们还在研究着钓鱼的技法，渔家乐的渔民在挑选刚刚钓到的鱼儿，给几个家庭烧一顿美美的渔排晚餐。

【竹屿岛海钓】

当你的海钓技术渐有长进，不满足于网箱垂钓，此时若想寻求更大的挑战，便可以乘船出海了。

我们乘坐客轮前往大竹屿岛，该岛位于洞头本岛东侧约 3.5 千米的海域处，目前尚无人居住。在岛上可尽情享受，除了海钓抓螺蟹，还可以搭篷露宿，篝火野营，晚上数星星，清晨观日出。收获远比预想的多，岛上植被繁茂，景观非常漂亮，突然有种来到韩国济州岛的错觉。孩子们在一起嬉戏打闹，家长们在一起交流海钓经验，分享自己的育儿经。“我愿陪你一起走一起玩，一起笑一起大叫”，我们也从家长的分享中体会到了对孩子满满的爱。

洞头不仅仅是百岛之县、东海明珠，更是海钓爱好者的天堂。据导游介绍，“第八届中国·洞头国际矶钓名人邀请赛暨全国海钓锦标赛”即将开幕，各路好手云集海岛。只要你有兴趣去海边随意抛一竿，说不定就有收获！

学在洞头

这次的行程中，不仅仅是观赏游览，更多的是体验，除了海钓，我们还有机会了解尝试了两项工艺制作。

【鱼拓】

在旅途的学习课堂上，有专业的工作人员指导制作亲子家庭鱼拓。鱼拓是一种将鱼的形象用墨汁或颜料拓印到纸上的技法和艺术。洞头大力发展海洋文化建设，鱼拓就是最具代表性的特色之一。

孩子们拿起画笔在鱼身上轻轻地描绘着，然后印画，一条生动灵活的鱼儿就显现在纸上。通过亲眼见证了一条鱼变成一幅画的全过程，让孩子感受到劳动人民的聪明才智。

【贝雕】

贝雕是选取形状、纹理、色彩各异的贝壳，经多道工序精心雕琢成多种形式和规格的工艺品。在参观东海贝雕厂时，工作人员向我们详细介绍了贝雕厂的历史，并带领我们欣赏了精美的贝雕作品。

在制作贝雕环节，大家凭借想象力，将贝壳经过组合粘贴，形成各式各样的立体图案。动手动脑，寓教于乐。

爱在洞头

对于洞头，多数人一想到就是大海、海鲜，但对洞头浓厚的爱国主义氛围了解甚少。“大海边哟／沙滩上／风吹榕树沙沙响／渔家姑娘在海边／织啊织渔网／高山下哟悬崖旁／风卷大海起波

浪／渔家姑娘在海边／练啊练刀枪……”40 年前，这首《渔家姑娘在海边》的歌曲作为电影《海霞》的插曲，红遍了大江南北。

最后一天的行程，走进海霞村，感受红色旅游。本次活动对象是亲子游，所以给予孩子们的爱国教育也是必不可少。如果有更多的时间，真的可以体验“住海霞营、吃连队饭、穿迷彩服、过军事日”不一样的旅游内容，让孩子和大人一同感受海洋文化与革命历史的无穷魅力。

结束语

在庄严的女子民兵连纪念馆前，本次活动圆满落下帷幕。此次四天三夜的游钓活动集旅游、海钓、教育于一身的活动，在旅途中收获欢声笑语，增长见识，是一次令人难忘的经历，多样化的体验，开启洞头别样之旅。

出游指南： 最佳季节：春季、夏季、秋季

适宜时间：2~4 天

住宿推荐：可以体验洞头的民宿，别有一番风味

春末，我走过这一片海

谢绮频

推开“旅行家”的落地门，走到阳台上，大海就在眼前，平静、浩渺。此刻海子的诗“我有一所房子，面朝大海春暖花开”定格在我的脑海里。

海岛洞头东岙渔村，记忆中曾经多次来过。当我再次来到这里，把镜头对焦在这美丽的渔村，寻找渔村的醉美节拍时，我深深地沉醉了。

阳光浅浅地照在“旅行家”的院子里。院子里，一群青春少年在他们的老师带领下，用镜头和他们独特的眼光，交织着光与影的魅力，对准春天，对准在“旅行家”里一幕幕的故事情节，用“长枪短炮”书写着渔村里的春天故事。

此刻，我慵懒地靠在“旅行家”的门厅沙发上，享受着年轻歌手的低吟弹唱，时光在指尖中悄悄地流淌，手中的咖啡伴随着海风在四周慢慢地散发，湿润中透出苦涩的香醇。我随手拿来身后书柜上的一本书：“喜欢自己现在的样子”，是的，我喜欢自己现在的样子：旅行、有书、有音乐、有咖啡的日子，是美好的……

午后的阳光有点慵懒，但我的精力在咖啡的帮助下，激起了我的单车情结，推出这里的单车，走一走渔村，走一走散落在渔村里的民宿。

单车骑过听海小筑的门口，青石板台阶上郁郁葱葱的爬藤秒杀了我的遐思。我疾步登上台阶，走进渔家的阳台，这里，蓝色的港湾锁住了我的镜头，星罗棋布的渔船，歇息在这静静的港湾里，等待着下一次的出航；

远方，海岛的代表作“海上盆景园”仙叠岩，正对着我的镜头“招手”……

阳台下的沙滩上，有一对恋人正推着单车，面对大海窃窃私语。

而他们的身后，一大群的摄影师正趴在沙滩上，用他们的“长枪短炮”，来秒杀这醉美的画面。

沙滩的另一角，两位小朋友正兴致勃勃地为他们堆砌的城堡沙雕而努力“工作”。挖沙聚沙，忙得不亦乐乎。

面对大海，游客们的心情也像大海奔放起来，站在沙滩上，面对大海，跳跃起来，把这欢乐定格在手机的屏幕里。

我推着单车，站在阳光下，欣赏着这一幅幅的画面，远方，阳光下有渔船正驶过洞头峡大桥，向这边的港湾缓缓靠近……

单车缓缓地骑进渔巷，渔巷很窄，窄得展开手臂，就能触摸到巷子两边的门框，家家户户的屋檐下，挂着红灯笼，单车从一条小巷拐进另一条小巷，这些用石头堆砌起来的瓦房，年代久远，而那些木制的双扇门，已褪尽了色泽，裸出了骨感的纹路。青石的门槛缝里，爬满了绿色的植物和野草，在这里，可以消遣一段原始的放逐时光，体验一下石板屋居住生活。

在小巷的三岔路口，有一座古色古香的民居，原来这里是东岙民俗馆，在这里，可以了解到这个渔村的古老历史。原来这里的居民是300多年前从福建的漳州和泉州一带迁徙过来，他们一直延续着讲闽南话，也保留了许多闽南的风俗习惯。这里的民居建筑，也带着闽南的风格。

我骑着单车，晃荡在这里的每一条小街小巷，感受着来自海岛的风情，海风携带着咸味吹拂着我的发梢，突然间时光变得沉静。

25岁，我在鹿西

吴颖颖

鹿西，温州最东边的一个岛屿
一年前听过这个名字
我想它是一个孤独而神秘的海岛
今年，25岁第一天
我在鹿西

鹿西岛面积约8.71平方千米，岸线总长28.86千米，是一座名副其实的外海岛屿。3点30分从温州市区出发，导航“洞头县元觉码头”，然而4点30分是元觉码头到鹿西的最后一班轮渡，时间还是比较紧迫，没想到在最后时刻赶上了轮渡，此时船已经脱绳离开了岸边，或许迟个10秒，就没有接下来与美丽鹿西的邂逅了。

船行海上，海水渐蓝，波光粼粼，一会儿看到行驶而过的渔船，一会

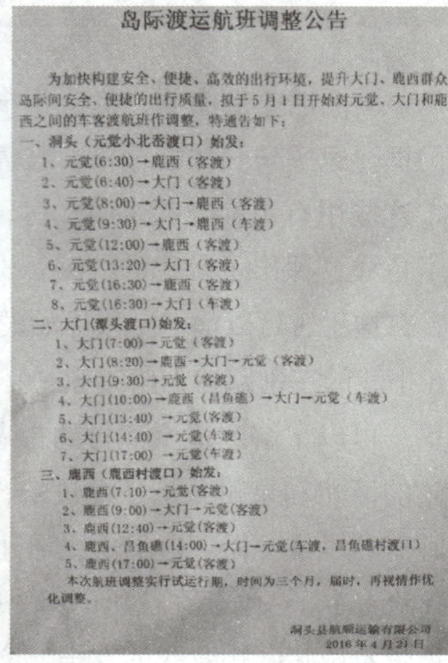

岛际渡运航班调整公告

为加快构建安全、便捷、高效的出行环境，提升大门、鹿西群众岛际间安全、便捷的出行质量，拟于5月1日开始对元觉、大门和鹿西之间的车客渡航班作调整，特通告如下：

一、洞头（元觉小北岙渡口）始发：
1、元觉(6:30)→鹿西（客渡）
2、元觉(6:40)→大门（客渡）
3、元觉(8:00)→大门→鹿西（客渡）
4、元觉(9:30)→大门→鹿西（车渡）
5、元觉(12:00)→鹿西（客渡）
6、元觉(13:20)→大门（客渡）
7、元觉(16:30)→鹿西（客渡）
8、元觉(16:30)→大门（车渡）

二、大门(濞头渡口)始发：
1、大门(7:00)→元觉（客渡）
2、大门(8:20)→鹿西→大门→元觉（客渡）
3、大门(9:30)→元觉（客渡）
4、大门(10:00)→鹿西（昌鱼礁）→大门→元觉（车渡）
5、大门(13:40)→元觉(客渡)
6、大门(14:40)→元觉(车渡)
7、大门(17:00)→元觉(车渡)

三、鹿西（鹿西村渡口）始发：
1、鹿西(7:10)→元觉(客渡)
2、鹿西(9:00)→大门→元觉(客渡)
3、鹿西(12:40)→元觉(客渡)
4、鹿西、昌鱼礁(14:00)→大门→元觉(车渡，昌鱼礁村渡口)
5、鹿西(17:00)→元觉(客渡)

本次航班调整实行试运行期，时间为三个月，届时，再视情作优化调整。

洞头县航顺运输有限公司
2016年4月21日

（附鹿西岛的轮渡时间表，票价30元，听说也可以租渔船）

儿看到如海市蜃楼般出现的孤岛，一会儿见几只盘旋在水面的海鸟，看着荡漾着的浪花和长长的水波纹，吹拂着带点热浪但却舒服自然的海风，对鹿西的期待又多了几分。

大概半个小时后，我们抵达了鹿西岛。第一印象就是一个很简单、淳朴的海岛，喜欢这种与世隔绝的感觉，没有纷纷扰扰。一排排沿街滨海的整齐小楼，点缀在岸边的是休渔期的渔船。到了晚上，这里就会涨潮，完全是另一幅不一样的风景。

大概傍晚时分，我们决定去山坪村的观景平台，据说可露营、可烧烤，

能容纳几百个帐篷，是个露营和观日出的不二选择。

在鹿西，交通是一个很大的问题，据说全岛只有 5 辆出租车，这真是可遇不可求。但是呢，你只要问当地村民，他们就会告诉你师傅的手机号码，约好时间地点，师傅就会来接你，价格也比较亲民。

到了基地，拾级而上，站在观景平台上，眼前的风景因为夜色朦胧更多了几分神秘和期许。看着越来越明朗的星空，听着海浪拍打礁石的浪花声，感受着肆意吹乱头发的海风，想定格成一幅画，记住这一刻。

在鹿西除了可以看到满天的繁星外，还可以来看看最原始的海湾——妩人岙。这里已建好了木头游步道，一路沿着游步道走下去，需要 20 分钟左右。站在这儿，岙里铺满大大小小的鹅卵石，放眼望去，阳光下亮光点点，像在跳着一支欢跃的舞曲。因为比较隐蔽和远离尘器，让妩人岙多了几分安静，而安静，是一种快绝迹的好看。

还有一处让人惊奇的巨型道坦岩，岩石平坦，如海上的一个露天平台。海天一色，美如画卷，自然不能错过这样绝好的拍照背景。

在鹿西，还有一座岛屿叫“鸟岛”，景如其名，肯定有很多的鸟栖息在那儿。若想去鸟岛，得先打出租车到东臼村，和渔夫商量，一艘船300来回一次，不计人数。大约20分钟，终于看到了传说中“鸟岛”的庐山真面目，听着鸟鸣啾啾、涛声阵阵，第一次看到这么多鸟在栖息在盘旋。此时，渔夫大吼一声，只见原来栖息在石头上的鸟儿成群往空中飞翔，场景蔚为壮观。

鹿西的美不单单在蔚蓝的海，无边的天。来到这里，看着手机定位中的位置，四面环海，你会发现自己的渺小，小到可以让自己忘记外面的喧嚣。夜晚，在海边吹着海风吃着烧烤，25岁的世界很精彩，而我只想享受那一刻的无忧无扰。

时光流逝，鹿西还在，可能它会吸引更多人的关注，也可能会继续那么安静地一直存在。愿鹿西经得起波澜与喧嚣，也耐得住平凡与寂寞。

怒放的生命：洞头观日落

李泓毅

下午五时许，站在三盘岛的“海之风”山顶，洞头全景一览无余。落日悬在西海面不远之处，在云缝里泛着幽暗的青光，海天之间一副“黑云压城城欲摧”的架势，一层层一群群黑云如大战前的急行军在落日身边驰奔，甚为壮观。

“潮平两岸阔，风正一帆悬。”落日下晚归的渔船正徐徐穿过海岛，三五成线，首尾相接，似群雁南归，倦鸟归巢。

夕阳不久从云缝里映出的鱼肚白与弥漫山顶的浓云辉映成趣。离落日更远处是高远而深蓝的天空，云层由浅而深地在天地之间铺排开来，如一幅精美绝伦的油画在舒展，在变幻……

温润的太阳像一颗火球从云彩中挣扎而出，将云层燃烧成红、白、黄诸色，堆积云棉花团一样高高耸立，如一艘战舰在阵前开拔。远山在霞光掩映下如墨如铁，风起云涌之处，一群群游离于主云层的乌云像海底世界里的慢镜头：密密麻麻的游鱼由西向东滑行，鱼群后面有大团的乌云如一群鲨鱼、巨鲸、鳄鱼等尾随而来，伺机而动，看得人惊心动魄，目不暇接。

“云端伏甲兵，空天战鼓鸣。当年许仙在，娘子肯漫城？”一排排黑云甲士列兵布阵，调兵遣将，大战似乎一触即发，扣人魂魄。一团金色的云团如火球一般在天空滚动，宛若哪吒闹海时遗失的一只风火轮甩出红色旋风，“眼前有景道不得，崔颢诗已题上头”。面对如此大美之景，文字语言反而显得那样的苍白无力。

“浮云回望合，轻霭入看无”似乎过于唯美；“云霞出海曙，梅柳渡江春”似乎过于婉约；“赤日石林气，青天江海流”似乎过于单薄。今日之落霞是如此的大气磅礴，如此的气象万千，如此的恢宏壮阔，用“风吹鼍鼓山河动，电闪旌旗日月高”似乎也只能略表一二。

惊叹之余写下几句打油诗聊表“到此一游”，东有跨海大桥与山巅塔影，西有醉人晚霞与孤岛相守。“醉人风物四面来，浮桥塔影流云裁。蓬莱有路扶虹过，入海金乌共徘徊。”天地之大美莫过如此，可谓：“落日长天展画屏，丹青妙手难写生。天地自古存大道，众生含识皆有灵。万里河山能揽胜，只缘凡胎存真心。世人明了无我在，何须唤醒主人公？”极目海天，方知世间任何一位大师皆无法想象和描绘出如此天象。

这时，一束金光如扇洒在大桥、海面和孤岛之上，如镀了一层纯金一般炫目。不久天空如节日升空后绚烂的烟花在天际绽放，美轮美奂。黑与白，浓与淡，疏与密，静与动，舒与缓，是如此变幻莫测而又相映成趣。大自然的鬼斧神工不时在你眼前变幻出山河大地，自然奇观，飞禽走兽，随风幻化，纵横驰骋。此景只应天上有，人间哪得几回闻？

当金乌西坠，海天奇观渐次消隐于暮色之中，暗夜收回了一切。落日景观如一幅沙画被时间之手轻轻抹去，空留遗韵在胸、在心。

出游指南：私家车可直接开到三盘岛下尾村“海之风”停车场；班车从新城客运站出发，半小时一班，在三盘岛下车，换乘前往下尾村的公交车。可自带帐篷，只要是多云天气观日落和日出皆可。

四、美丽乡村

温州的古村落数不胜数，傲视国内，有国家级历史文化名镇——岩头镇，有国家级历史文化名村4个，国家景观村落9个，中国传统村落9个，其中黄檀洞村是全国首批15个国家景观村落之一；泽雅四连碓古造纸作坊是中国古造纸术“活化石”；东源中国木活字印刷文化村完整地再现活字印刷实景，“世界矾都”矾山镇的福德湾矿工村还获得了联合国教科文组织亚太地区“文化遗产保护荣誉奖”。

琦君故里寻家规家训

杨凤燕

四月的周末，我们行驶在通往琦君故里——泽雅庙后的山间小路，雾气氤氲，朦胧一片，湿气浓郁，友人笑称，保湿面膜可省去。绕环库公路向上，越接近庙后村，能见度越低，行驶在能见度只有5米的公路中别有意境。到了庙后村庄，雾气散去，豁然开朗，大约是村庄人气旺盛的原因。

琦君故里在雨丝中宁静清新，在琦君纪念馆，我们阅览琦君生平经历和她笔下的东瓯民俗，展厅正前方，“琦君”笑容纯净天真，一群孩子围绕膝前，仿佛有朗朗书声在梁间萦绕。同行的一教师吟诵着琦君作品《乡思》：“来到台湾，此心如无根的浮萍，没有了着落，对家乡的苦念，也就与日俱增了，昨夜梦魂有飞故里，躺在双亲的墓园里，拥吻着绿茵覆盖的芬芳泥土，望着悠悠出岫的白云，多年抑郁的情怀得以暂感轻松。可是短梦醒来，泪水又湿透枕边，沦落的家园啊！它依旧是海天一角，水阔山遥。”一个人的吟诵，到最后变成了很多人的齐声朗诵。梦回故园思乡浓，一缕淡淡的乡愁在每个人的心头挥之不去。琦君纪念馆西侧是琦君墓园，琦君墓园面对青山秀水，“叶落归根”四字碑铭在雨水的滋润下格外醒目。

庙后是琦君的出生地，2001 年 10 月，琦君回乡参加琦君文学馆开馆期间，曾去老家庙后寻根探亲，并给乡亲们题写“崎云山水秀，庙后乡情亲”的诗句，琦君对故乡的爱都包含在这句诗中了。琦君纪念馆原址为庙后小学，是琦君伯父潘鉴宗于 1921 年创办，当时，青田、文成、瑞安、永嘉等地学子都不顾偏远，慕名而来求学。其父亲曾为浙江陆军第一师师长，自参与讨伐张勋以来，目睹军阀混战，民生凋敝，对军人凭借国家的武力以事内讧深感痛心，遂将在杭的一家老小带回瞿溪。他热心于公益慈善事业，为提高教学质量，邀请了一批名师执教，奖励好学上进的学生，对家境贫困的有志学子，不但免除学费，还提供膳食住宿等资助。琦君父亲虽出身农野，久历戎行，身为师长，却酷爱中国古典文学，把“诗书传家，耕读为本”的信条写进家训。父亲的严厉教诲、母亲的浅吟低唱、老师的循循善诱，使琦君无不受到亦耕亦读瓯越文化精神的熏陶。琦君的文章以诗词入文，著有《青灯有味似儿时》《永是有情人》《水是故乡甜》《万水千山师友情》《三更

有梦书当枕》《桂花雨》《细雨灯花落》《读书与生活》《母亲的金手表》等作品。父亲教育自己孩儿，不忘泽惠桑梓。而今，琦君位于瞿溪的故居也成了三溪中学的校址所在，一代师长培育了文学家，更将精神传承于后人。

从纪念馆出来，“诗书传家，耕读为本”的家训萦绕在耳，在乡间的空气里弥漫，仿佛整个村庄都浸润了书卷之气。乡间的民宿农家乐游人络绎不绝，路边，谷雨过后的竹笋拔地而起，有的已经有一人多高了，想必他们喜欢在诗书的环境里茁壮成长，那成排的竹海山脚下，一条清灵的小溪从村前流淌，村头碇步，石板桥，石拱桥，悠游的鱼，浮水的鸭子，七寄树……赋予庙后一份灵秀和生命力。

出游指南：自驾经市区锦绣路，过温瞿公路，经过天长岭隧道，到泽雅镇政府，沿源口至林岙公路，经七瀑涧风景区到庙后后，庙后村位于七瀑涧景区出口。

公交车 135 路从瞿溪直达屿山，每隔一小时发车，最高票价 4 元。

温州这些地方，要用手摸才好玩

叶晓娜

相信你们肯定走过不少地方，见识过不少赞不绝口的风景！但是，每次只能用眼感受的旅程是不是已经无法满足你的需求呢？今天，小布就给大家带来一场不一样的体验，在欣赏美景的同时，还能亲自动手体验温州博大精深的历史文化！

（一）苍南碗窑古村，体会捏陶制碗的乐趣

循着桥墩水库的山路进入坐落在莒溪边半山腰上的碗窑村，现存的300多间连亘的吊脚楼、八角楼层层叠叠依山而建，这些旧屋铅华洗尽，沧桑而古老，点缀在山水风光中浑然天成。

来到碗窑亲身体验一回纯手工制陶工艺，触摸真实的历史体温，体验指尖上的古老文化，才不枉此行。几百年来碗窑一直保留着古老的制陶工艺，村里有老者会现场为游客展示制碗手艺，那技术当真称得上一绝。这时候你可以亲身体验一回和泥、拉坯、捏雕、烧制的制陶过程，只是这看似简单的工艺可不是一下子就能学会的，就当是一次轻松愉快的体验啦。

出游指南：自驾线路：温州出发，甬台温高速观美出口下，经桥墩镇，

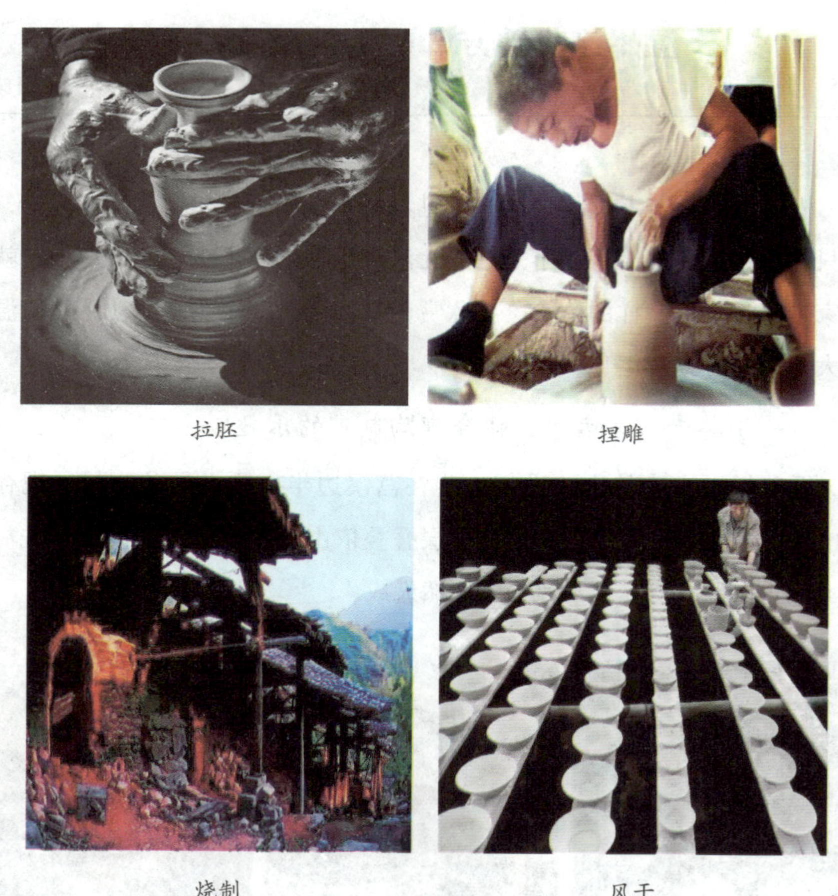
拉胚　　捏雕

烧制　　风干

走盘山公路往腾洋方向开，沿路标走可到景区。

公共交通：从温州坐巴士到苍南灵溪，车程一个半小时；再从灵溪坐至桥墩巴士，到桥墩换乘至腾洋的巴士，至碗窑古村步行桥边下车。

（二）瑞安东源木活字印刷文化村，见证印刷术的神奇

东源木活字印刷术是已知的我国唯一保留下来且仍在使用的木活字印刷技艺，至今已有800多年的历史，堪称世界印刷术的活化石。该村木活字印刷完全继承了中国古代的传统工艺，完整地再现了古代四大发明之

——活字印刷的作业场景，是活字印刷术源于我国的最好实物证明。

“刻字、排版、上墨、印刷”，步入东源村，中国四大发明之一的活字印刷术作业场景便呈现在眼前，这是目前我国唯一完整保留且仍在使用的木活字印刷技艺。闻着墨香与纸香，观看一场传统印刷术的产生和演变过程。看过之后，一定要亲手去体验一把，感受一回四大发明为我们带来的变革。

准备　排版

印制　效果

出游指南：自驾沿 G15 沈海高速往福建方向，从飞云 / 文成出口下沿 S330 往文成方向行驶，过水坑隧道后往左进入老 56 省道行驶到达景区。

（三）瓯海泽雅，观水碓学造纸

泽雅山民长期寓居于此，以山为生，他们在生存的空间里，创造了富有旅游价值的人文景观，水碓、水车、石屋、石墙、村落、风俗等，都使泽雅呈现出一片安谧、宁静、古朴、野趣。明清时的古建民居，富有底蕴，宋代延续至今素有“中国造纸术的活化石”之称的纸山文化，至今仍历历在目。

捞纸

分纸

晒纸

从明代延续至今的土纸文化术（四连碓捣刷、纸槽捞纸等），是中国目前保留的最原始的、最完整的古法造纸术，是我国四大发明之一的造纸术的“活化石”，也是泽雅纸山屏纸生产的典型作坊。看到这古法造纸的神奇工艺，是不是按捺不住激动的心想跃跃欲试了呢？

出游指南：自驾从市区往西经温瞿公路、天长岭隧道、瓯湖线可达景区。

这个“土匪窝”不一般

刘伟作

土匪？这是一个历史上存活很久的职业，也是一个看来没什么前途的职业。远的比如梁山好汉，被宋朝朝廷“招安”之后打东打西，几乎团灭。近的……现在法制社会你当个土匪试试……

今天我要说的暨家寨，很久之前还真是个土匪窝。

我们先来看看这个充满了武侠味道的名字“暨家寨”，当时全村村民都姓暨。暨氏先祖，明末清初为了躲避战乱，从仙居迁徙到永嘉社山这个地方，不少人迫于生计，落草为寇，依靠打家劫舍为生。看看如今寨门有没有穿越的既视感？

暨家寨这个地方，我不下四次到过那里，它是永嘉黄南乡深龙村的一个自然村。第一次去的时候想导航，软件上根本找不到“暨家寨”（现在导航软件已经有了），只能沿着网上说的路线开车——高速岩坦出口，左拐往黄南，未到乡政府左拐往深龙，一路都有指示牌……

沿着山路一直开，好像没什么终点，直到看到寨门才放心。

寨中的木结构房子，依势而起，错落有致，保存着完整的古村落风格。

一条河水流淌全村，形成村头和村尾两条瀑布。

从暨家寨的这头走到那头，很少看到垃圾，因为每天都有人清扫，工钱还是旅游部门出的。

这个古村落曾入选2009年“中国十大景观村落”，对电线、电视、电话等线路进行改造，埋入地下，实现“三线落地”，就是俗称的地埋。这样在空中就看不到蜘蛛网般的电线，摄影师拍出的照片就更纯净了。

值得一提的是，暨家寨还有一处神秘之地。

从村子后面的寨门出去。

路过村头的瀑布。

开始向更高海拔的山地攀登。

山路不太好走，大约走了一个小时的山路过后，可以看到一块表面平整、倾斜度约为 45 度的巨型岩壁。

上面刻有大小不一、形状各异的人物，以及疑似房屋、小鸡、磨盘等图形。这个神秘之地就是棋盘岩岩画。

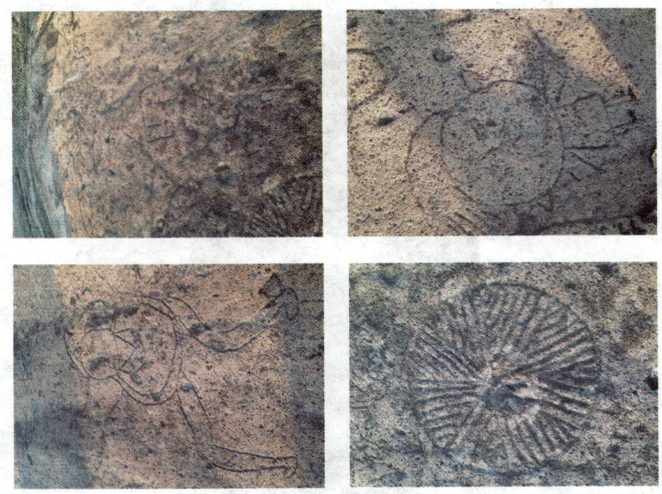

岩画是一种石刻文化，人类祖先就地取材以石器作为工具刻画，来描绘、记录当时的生产方式和生活内容。棋盘岩岩画的发现，无疑对浙南古文化提供了实物佐证。一般来说，观赏棋盘岩岩画需要半天时间。

暨家寨的夜晚非常幽静，繁星点点，您会感觉跟天空的距离很近。

虽说暨家寨的天然环境还是不错的，但是我觉得，将来暨家寨的旅游开发投入还要加大。比如，通往棋盘岩岩画的山路比较难走，如果要把棋盘岩岩画开发为旅游景点，路的栏杆、沿线的标志、标牌、洗手间……都要配套好，这投入应该非常大。不过，跟土匪这个职业不同，暨家寨这个地方还是很有前途的。

让川村，有点儿意思

刘伟作

“三月三”是畲族人民代代相传的民族节庆活动，也是畲族人民的文化结晶。每年的“三月三”，泰顺、文成、苍南、平阳（排名不分先后）四个畲族朋友比较多的县都会举办丰富多彩的庆祝活动。

分身乏术，我只去了平阳青街和文成让川村感受了节日的气氛。这里，我只说让川村。

文成让川村位于文成五星北山的山脚，距离西坑畲族镇中心 3 千米，从文成县城出发沿着新 56 省道文成西坑段往安福寺方向开，就能看到它。路边就是，很明显。

实话实说，如果没有这条新 56 省道，谁知道这里还有个让川村啊？这里还是文成县“美丽乡村”创建的一个典型，近几年变化还是挺大的，看图就知道了。

所以说嘛，要想富，先修路。凭借文成旅游的“黄金线路”优势，如果村子搞得破破烂烂，那就是太不会抓住机遇了。

村内不仅有始建于乾隆年间的叶氏祠堂,还有纯朴乡土人情的四合院、节孝牌坊等历史古迹。

而我个人比较感兴趣的有两处地方。一个是石碾，用来加工谷物。

有没有发现，照片中凹槽里没有谷物！但这头老黄牛依然在不停地转圈。这说明什么？

另一个是村子最高处的这棵“大肚罗汉樟”。

罗汉樟内部也很奇特，是中空的，“包厢”自带天窗，上下贯通。内部也可以通过树皮的间隙看到外面。

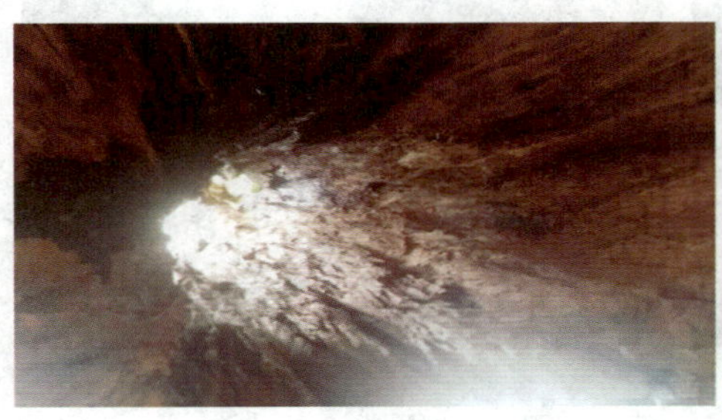

而且，这棵树在没有树心的情况下，依靠树皮存活了下来。这正应了那句老话“树没有皮，必死无疑，人不要脸，天下无敌”！

如果您想图个热闹，每年“三月三”过来，保证人山人海。

如果您想图个清静，那这里的民宿也会满足您的要求。

正是采梅好时节　美食美景两不误

周建海

又到一年杨梅成熟时，温州杨梅久负盛名，提起杨梅，市民们可能首先会想到瓯海区茶山，如果想要美景和杨梅完美结合的，旅游体验师周建海推荐您来瑶溪。

瑶溪省级风景名胜区，位于我市龙湾区瑶溪街道，大罗山东麓，距温州市区10多千米，通过瓯海大道便到达。瑶溪因“溪石皆玉色”而得名，山川秀美，历史文化底蕴深厚，瑶溪的风景是没得挑的，杨梅也是多次获奖,是龙湾的主要杨梅产区。

瑶溪景区分钟秀园、瑶溪泷、金钟瀑、龙岗山、千佛塔5个分景区，共有100多个景点，其中以水石同踪、幽谷金钟、千佛春秋、钟灵毓秀、龙岗晨钟、烟雨迷蒙、鹭鸶闲云、山色湖光、铁壁潭影、华阳夕影十大景观为著。跟随旅游体验师周建海，来瑶溪经典休闲一日游吧！

按导航“瑶溪风景名胜区”，瓯海大道瑶溪出口下，经过茅永公路、钟秀园公园，到达朱镕基总理题字处，这里有停车场和公共自行车点，你可以继续按导航到达上山公路终点——瑶溪王朝大酒店停车场，也可以停车从这里开始沿上山公路细细欣赏瑶溪泷，这一段的风景忽略而过挺可惜的，上山公路沿瑶溪泷峡谷而建，溪石皆玉色，溪流将溪底的花岗岩磨得很光滑，还有一个个圆圆的壶穴，重要景致有瑶溪标志性景观烟雨亭和碧绿的鹭鸶潭，分别是瑶溪十景之“烟雨迷蒙”和“鹭鸶闲云”。

目的地——瑶溪王朝大酒店按四星级打造，依山傍湖，设施齐全，是市区开同学会的热门地。在瑶溪泷的左右，各有一个水库如天然去雕饰的碧玉，精心地镶嵌在青山中，东有瑶湖，即瑶溪十景之“山色湖光”，可泛舟湖上，可环湖漫步，冬泳爱好者喜欢来此晨泳；西有瑶溪水库，水位满时，瀑布颇为壮观。

瑶溪王朝大酒店门口有 3 家农家乐和 1 家小卖部，都有美味的农家菜。继续沿瑶溪泷峡谷的瑶溪岭古道上行，路边都是杨梅树，绿色枝头压着满满的紫红杨梅，“万绿丛中点点红”，让人馋涎欲滴，瑶溪泷漫山遍野的杨梅林真是一道美丽的风景线。右图中这种摘杨梅工具挺好玩的，手柄上有夹拢的开关，摘下松手后杨梅就掉入蓝色的小布袋，专门用来摘取高处的杨梅。

用三脚架、定时，和板障潭流下的瀑布来张手机高级自拍。

板障潭的水湛蓝恍如九寨沟。

龙须瀑泻入板障潭，传说潭内曾有潜龙出没，搅得潭水翻腾，波光叠影，是谓瑶溪十景之“铁壁潭影”。

上山道左手的这条石桥，到往瑶溪十景之“水石同踪”约5分钟，也可以走到瑶溪王朝大酒店，建议返程的时候走这里观赏水石同踪，再回酒店取车。

一路流水淙淙，经过这座石桥后，会经过一个老路亭，古时从瑶溪往茶山翻山，到此路亭刚好是半程，在此歇脚，遮荫躲雨。

这是我岳父家的杨梅，就种在石桥边，虽然完全无人打理，长得还不赖，绝对原生态。

金钟瀑下的观瀑亭，过丁步观瀑要小心哦。到金钟瀑三岔路的右道，是通往茶山盘山公路的，离香山也仅 20 分钟路程。

金钟瀑，瑶溪十景之“幽谷金钟”，三面峭壁，形如金钟，未见瀑布，先声夺人，如钟轰鸣，倾泻而下，一瀑三折，十分壮观。瀑下碎玉飞花，异常凉爽。

自此返回，走完全程就将瑶溪泷景区的水石同踪、烟雨迷蒙、鹭鸶闲云、山色湖光、铁壁潭影五景和金钟瀑景区的幽谷金钟都囊括。如果游兴未尽，还可以逛逛山脚下美丽的钟秀园公园，是瑶溪十景之“钟灵毓秀”，可以在草坪上玩玩免费的亲子拓展，公园内有贞义书院和国际网球中心，公园边有瑶琳阁、琳珑水榭、老房子等上规模的农家乐。还可以驾车到建于北宋年间的千佛塔下欣赏古塔，为国家级重点文物保护单位，瑶溪十景之“千佛春秋”。十景中的最后两景——龙岗山景区的“龙岗晨钟”和“华阳夕影”，就等以后另行介绍。

本文图片都是手机拍摄，未作任何后期效果处理，欢迎各位来瑶溪，比拼一下摄影技术。

发呆在武阳村

谢绮频

实在想不到，在这崇山峻岭的大山坳中，竟有一座这么雅致的世外桃源的村庄。文成南田镇武阳村，在它的方圆几百里都被称为刘基故里的地方。

你若在春天来这里，放眼望去，大片大片的向日葵会让你情不自禁地奔跑跳跃，徜徉在向日葵花的海洋里，你可以把自己也当成一朵向日葵，跟着太阳旋转着，抱着向日葵欢笑着，当然，在你的相机里，会留下很多向日葵般的笑脸，也许会追寻到沉淀了很久的童年往事。

你若在夏天来这里，那河道里“接天莲叶无穷碧”的荷花会让你荡起双桨，口中哼着李清照《如梦令·常记溪亭日暮》的小曲，无意中误入藕花深处，在兴尽中不想回舟，沉醉在不知归路中，只想争渡，争渡，惊起两岸的一滩鸥鹭。

但我是在初秋时闯入武阳村的，那么这座诗意浓郁的小村带给我的又是什么呢？

首先映入眼帘的是村口那座散发着远古年代的木石结构的老宅，说是老宅，又有点像廊桥或是走廊，走廊的正中挂着一块匾草书“武阳堂”在阳光下熠熠生辉。走廊的后面才是房屋，想必当年是大户人家

的宅院，门口的走廊是为过路的人避雨或者歇脚而设计的，也许我是一位念旧的女子，每每看到这样的建筑物，感官神经就会兴奋起来，就会在这里逗留，细细地观察着这幢具有极致气质的房屋，两个椭圆的门洞构筑了走廊的去向，脚下是大块凹凸不平的石板条，正对面是一座环绕着长方形的木质结构的房屋，正当中的门连着窗户，门还带着窗，而要到达那里，则需走上十来级的石头台阶，而这十来级的台阶却架在一个拱形的圆洞上，当初应该为排水而设计。

穿过拱形的门洞，又有一个四方的院子，一个亭子连着一排木屋，极具气质的一幢木屋，造型别具一格，功能各不相同。

虽然村子的房屋都是新建的，但是依着仿古的样式，青砖中镶嵌着白缝，木质结构的花窗和栏杆脱俗而出，把新农村的特色展现出来。

踩着青石板路，漫步在杨柳树下，沿着荡漾的池塘，随便找一块岩石坐下，眺望远处的青山，仰望天空的白云，呼吸清新的空气，低头可以看鱼儿在水中畅游，抬头可以看散落在远处近处的瓦背上袅袅飘出的炊烟。

当然，我们也可以骑上村子里的公共自行车，慢慢地晃荡着，带着记忆中少年时代的欢乐，撒欢在田野陌上，看金灿灿的稻穗在风中飘摇，也可以踩着松软的稻茬，呼吸着还带着泥土气息的清新，毫无目的地晃荡着，看陌上的青菜和一些不知名的花花草草，可以顺着池塘，去追寻当年刘基耕读的木屋，体会下当年这位名人在这里的耕读时光，也可以随意地靠在柳树下，看水车在缓缓地转动，听脚下小溪流淌的声音，听远方母亲吆喝孩子回家吃饭的浓重的方言。

我们也该午餐了，当走进村子里的一座农家大院时，桌子上早已摆上了屋前池塘里养殖的红烧鲤鱼，还有院子里自家放养的鸭子，屋后菜园里的青菜……

当午后的阳光慵懒地爬上斑驳的青苔砖，后山上的龟背竹悠悠地趴在房屋顶上张望，院子里的一盆三角梅正开得绚烂，还有那悠闲踱步的鸡。屋外水缸里蓄得满满的水，被山风吹出层层涟漪，此时，时间仿佛倦怠了一般，停滞不前。暖风吹得游人醉，让人只想搬张躺椅，慵懒地眯着眼晒着阳光发呆。

出游指南：沈海高速飞云下，往文成方向，穿过文成县城，看路牌南田镇方向，再看路牌武阳村。

村里有一家“迷途”客栈，可住宿和用餐。

五、驴行户外

温州多山，奇峰险谷遍布，古道众多，是户外探险的难得胜地。我国东南沿海城市最大的“绿肺”——大罗山有浙江省最长的国家级登山健身步道；泰顺古道风光摄影绝佳，被国际古道联盟评为“2016中国十大古道”。文成红枫古道，江南少有，存之不易，堪称佳景；雁荡山、楠溪江皆有绝世美景值得探秘，线路难以穷举。自温州市旅游局开展打造“自驾旅游名城”活动以来，一大批各具特色、接待设施良好的自助旅游营地驿站相继涌现，既省钱又能深度游。

骑游记之山水永嘉

潘忠孝

永嘉是古代温州首县，也是如今温州市区与永嘉县的母县，有“中国长寿之乡”“中国山水诗摇篮”等美誉。“悠悠三百里楠溪水，重重上千座永嘉山”为谢灵运开创山水诗流派提供了极佳的素材。永嘉境内七大景区、800多景点，以山青、水秀、石奇、瀑多、洞幽、滩美、村古、人杰闻名。

如此美景不断吸引各园游客前来游玩，很多骑行爱好者们也慕名而来。

温州市首次承办的全国性专业自行车赛事——2016年全国公路自行车冠军赛在楠溪江畔刚结束不久，2016年环瓯自行车骑游系列活动又展开了。近年来，越来越多专业的自行车赛事和业余的自行车骑游活动在楠溪江畔进行，而我早已将自行车骑游作为常规旅行的方式之一，也差不多骑遍了永嘉的山山水水。

特别指出：“骑游看到的是不一样的风景，我在看风景，我也是别人看的风景！”

第一部分　骑游山水永嘉之山篇

永嘉以多山著称，各种高高矮矮的山峰多西多（温州话），彼此各具特色、不一而同，而登山的好处也多西多，特别是骑着自行车登山，更是挑战自我、激发潜能、促进协调的好方法。那酸爽就是不一般！

酸爽体验之四海山

粼粼楠溪江，幽幽四海山。海拔最高近1200米的四海山是永嘉境内有公路直达的最高景区，从张溪乡到四海山庄的连续24千米上坡路段堪称噩梦，那时候一直在自言自语“你是不是脑子有泡”“嗯嗯，我脑子被驴踢了，来此作死”。早上八点从上塘出发，下午三点多才骑到四海山庄，被虐得不要不要的！

酸爽体验之苍山尖

四海山受虐前，特地去苍山尖自虐了一番。从山脚的苍岙村到山顶有17千米的连续上坡路段，公路过了一弯又一弯、盘了一山又一山，什么“山路十八弯”、什么“秋名山发夹弯”都太low了，根本不是一个级别。站在山顶那“一览众山小”的感觉，还以为自己在云端骑脚踏车呢！也是蛮浪漫的。

酸爽体验之崖下库

骑游崖下库本来是so easy的事情，只有30千米左右的平路加爬个小山，但中间出了个小插曲，使得我要以最快的速度从上塘骑到崖下库景区，再以最快的速度东上西下，而且要尽可能游遍所有的经典并拍下较好的照片，

骑车、爬山、拍照，怎么有“铁人三项”的感觉！这种酸爽也是够够的，本次骑游也是温州市旅游体验师招募的初试，好在我荣幸入选了。

第二部分　骑游山水永嘉之水篇

游山又怎么少得了玩水，弯弯三百里楠溪江正是玩水的胜地。每当天气适宜，万千游客从四面八方涌来，或在水里嬉戏打闹，或在岸上激情烧烤，或在溪边野外家烧，偶有凉风相伴，却没蚊虫打扰，万般惬意。

永嘉书院组队玩水

永嘉县旅游局举办了以“文明旅游、绿色出行”骑游理念为主题的骑行楠溪活动，来自温州市的两千多名骑行爱好者欢聚一堂，在永嘉书院嬉戏打闹，相互交流骑游经历，分享彼此不一样的骑行经历。不仅每一位骑行爱好者全程免单，活动结束还能领取证书和纪念礼物，不得不为永嘉县旅游局点赞！

青龙湖畔农家小炒

青龙湖现在是永嘉骑行爱好者常去地之一，青龙山庄也是别具特色，

仿若世外桃源般存在。湖边有一艘自主滑行的小船，我们喜欢将单车搭着小船分批运到对岸，然后在林荫深处的青龙山庄吃过农家小炒，最后扛着单车从山的另一边回来。碧绿的湖水、干净的石头、别致的凉亭都好像在说“Welcome back！”

泰石草坪激情烧烤

假如说楠溪江其他地方水流湍急的话，那泰石无疑是少有的水流平和地之一。堤坝修建后，溪水如湖水般平静，随处可见的青苔就是最好的证明。无论是选择在溪水里划船，还是在岸边荡秋千，或是在草坪上烧烤，随手拿起相机一拍都是美美的回忆。烧烤用具、材料有提供一条龙服务，但是划船可是要自备的哦！

第三部分　骑游山水永嘉之人篇

要说楠溪江山很美，水也美，不得不说人更美。这不，人称“温州最帅和尚”的释明心法师就是土生土长的楠溪人。

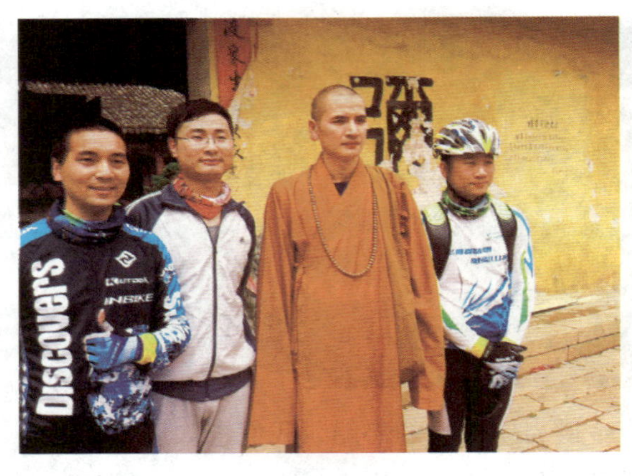

普安寺寻最帅和尚

普安禅寺作为楠溪江畔的一座小寺庙，因“最帅和尚”释明心住持的加入而不断发展壮大，不论是佛教信徒还是住持的粉丝都越来越多。像我等八卦者特意骑行去一看究竟，还真就一个字“帅”！简直是高富帅最有力的代表，然而为人却谦虚好客，那耳朵特别有佛缘不说，篮球还打得特别好，可惜一直没机会切磋切磋。

丽水街觅昔日繁华

丽水街一直以来都是岩头镇的代名词。清朝时期丽水街是方圆百里非常著名的商业街，商客、旅客聚集于此，仿佛让人联想到张择端《清明上河图》里那繁华热闹的景象。作为从小在岩头长大的我，更是把丽水街看成是自己家的后花园，在丽水长廊来来回回也不下上万次，但还是会没事就去那坐上一回。

苍坡村寻文人墨客

苍坡古村背靠笔架山，面向楠溪江，源自文房四宝的建筑理念是中国古代文化的缩影，纸墨笔砚的规划布局似乎暗示了李氏家族文人墨客辈出。村里的古柏、古井、古桥、古宅既让我们体会到居民对老祖宗文化遗产的重视，又让我们看到了古人的聪明能干。据说现在村里仍然有世代守在这里的居民，他们不愿去“城市套路深”的高楼丛林。

第四部分　骑游山水永嘉之思篇

骑游无疑是集绿色、方便、快捷于一身的出行方式，更是我等屌丝穷游的利器。一个人、一个包、一台车就可以出发，不怕拥堵的交通，不必烦心地抢票，无须高额的费用，却能锻炼身体，游山玩水，join in us！

再则，山水永嘉美如诗画，交通绿道越来越多，景区距离越来越近，环境建设越来越美，这里是天然氧吧，任你尽情去呼吸。骑行穿梭在城市里，也许你是个吸收汽车尾气的“吸尘器”；骑行穿梭在山水间，你肯定是个吸收天然氧气的“欢乐机”。

当然，骑游也有缺点，比如天气因素影响较大、体力要求较高，需要循序渐进练习，不能操之过急。

行走在白岩山脊，带你体验乐清最美风景

金天野

进入初秋时间，天气凉爽，正适合轻装出行。

给大家介绍一条难度适中的温州周边“驴游”线路，如果你体力不济，可以慢慢走，慢慢看。

挑个晴朗的周末，出去走走吧，投入大自然的怀抱。

白岩山位于乐清仙溪镇南阁古村南面到龙西村的一系列山脊，距离乐清市区 52 千米，和雁荡山四尖南北遥望相对，险峻异常却又可以山脊相连。白岩山脊线路有强度和难度，是户外驴友很喜欢的那种类型的线路！每年 3—4 月正值杜鹃盛开的时候，白岩山的杜鹃生长在无限风景在险峰，在山脊上跳舞漫步，从密林中穿行。

线路起点：仙溪南阁古村—龙西北垟村—仙人坦村。

长度：5 千米左右，登高 300 米，用时大约 4 小时。

记得来白岩山已是 2015 年 11 月，跟随户外达人一同前往仙溪南阁村作为起点，探寻白岩山的自然美与感受奇山的险峻。

一步步走上台阶，仿佛忘记冬天这么一回事，脱去冬天里的外套，跟随着在各分岔路口红丝带指引下不断前行，眼前脚下的路慢慢地变窄，由原先的石板路转换到普通的山间小路。

停下来俯瞰远方，在朦胧的雾气中山与水、村庄构成了美丽的山水画，一路上需要攀越，行走在山脊上、攀岩陡峭的山峰上。

眺望对面攀爬的山峰，看到队友的身影，仿佛人在景中，可谓移步换景，点点是景色。回眸刚刚走过的路，也许会被自己的勇气惊呆，看着自己拍的照片也会惊呆，山脊险峻，自己哪来的勇气攀爬？正如很多事情自己要去体验感受，不能一味听别人的意见，人生需要给自己一些挑战，回过头一看，一切是多么的美好。

行走在白岩山脊，拥抱大自然，忘记城市里的压力与疲劳，走走停停，生活多美好。

出游指南：客车：温州、乐清方向乘车，大荆、雁荡方向汽车雁荡下车，包车前往仙溪镇南阁古村。

自驾：建议自驾至雁荡山客运站，车停在停车场，包车前往，包车回来至雁荡山。

个人装备：登山包、登山鞋、头盔、登山杖、扁带、饮用水、随身零食等。

大罗山登山线路之皇岙—李王尖环线

周建海

本文介绍一条风景佳、古迹多、不走回头路、交通方便的大罗山登山环线，皇岙—李王尖环线。

首先推荐一个实用的手机软件——“户外助手”，卫星地图、轨迹、耗时、海拔都有。

瑶溪街道皇岙村，据传因汉光武帝刘秀避难于此而名，是省级风景名胜区瑶溪五大景区之一的千佛塔景区所在地，皇岙村可按导航从瓯海大道辅道浃底公交站的小路开车进入。

从浃底驾车抵达登山起点时会经过千佛塔，在国安寺东首，也称为国安寺石塔，是国家重点文物保护单位。塔为北宋青石仿木构建筑，楼阁式石塔，平面呈六边形，九层实心。台基雕“九山八海”纹，须弥座上、下枭刻有仰、覆莲，束腰各面浮雕狮兽，形象各异，栩栩如生。塔身各层每面壸门内浮雕坐佛，总计 1062 尊。塔檐翼角，微向上翘起，整座千佛宝塔庄严雄伟。“唐立国安寺，宋造千佛塔”，宋千佛塔和唐国安寺相依相伴，晨钟暮鼓，述说着历史的悠久、岁月的沧桑。

这是登山起点，有 141 路公交站始发站和公共自行车点，交通方便，自驾停车也宽敞，距千佛塔百米。按图中箭头，从大罗山环山北路隧道的南侧上山。

从银母亭右手上山。

登上山道，回望皇岙村。

碰到第一个分岔口，左手上山路近，不易走错，但稍陡，部分水泥路有杂草拦道，本文的轨迹截图是继续直行，经过响动岩村，路况更好，但会慢 3 分钟。响动岩村有明内阁首辅张璁墓，作为历史上最高官职的温州人，把自己的墓地选择在这一带，说明这里风水很好。

一路蝉鸣，小时候抓蝉可是拿手好戏，不禁技痒。

到了驻云亭了，本条“8”字形环线的枢纽，龙湾与瓯海的交界处，方形花岗岩路亭，休息一下吧，亭边有一小池山泉水，异常冰凉甘洌，上格饮用，下格洗脸。此处因地势较高，经常云雾缭绕，故名驻云亭。石柱上的对联不错，“微风细草云雾里，山光水色驻图中”，对联中隐藏了亭名“驻云”。亭内又有联“登高方知海天宽，息足便觉道途稳”，嗯，休息好了，山泉解渴了，山景

欣赏够了，继续上路吧，直走是官道，图中亭边有上山小路，这条路网上没人介绍过，从这里登顶李王尖，这样就可以和官道组成环线，不走重复路。

途中西望可以看到瓯海区大片的三垟湿地和温州城区。

北望甬台温高速的温州大桥，连着状元和七都岛。

李王尖顶海拔 460.7 米，登高远眺更佳，哪天我还要特地登顶拍城市夜景。

可南望有 3 个雷达站。一个为气象雷达站，一个为民航雷达站，还有一个呢？东望龙湾中心区，可见黄石山顶老的气象雷达站。

下山要钻过竹林，顺手拍了天牛。

罗山易栈。登顶后如果饿了，就去罗山易栈农家乐吧。李王尖自然村有两家农家乐，都不错，一家是阿金农家乐，我比较喜欢易栈农家乐，峰顶有小路可到。易栈是李王尖公路的终点，龙湾的龙岗寺公路已动工建设，打通后龙湾开车上大罗山都经过这里啦。

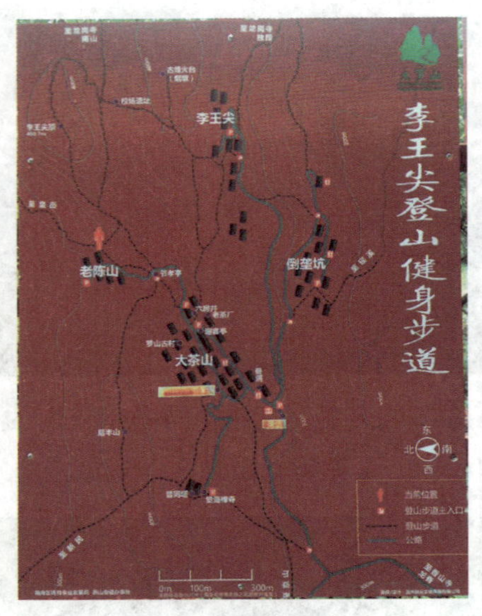

瓯海体育局工作干得不错，新做了李王尖的导览图和指示牌。

下山的第一个村庄是老陈山，沿着宽敞平整的青石板古道，返回驻云亭，从亭旁的皇岙岭古道下山。

快到山脚下时，登山道旁有明代的“父子国师”门坊，可以进去探访一下，是明朝榜眼王瓒墓，温州市文物保护单位，墓冢前正中设有龟座圣旨碑，两旁依次或立或蹲着石羊、石虎、石马飞文官俑，石牌坊刻着“三朝宠命”“礼部尚书”。

下山到达村公路了，这里是皇岙岭森林绿道的主入口，按箭头方向走到停车点取车，距离约 200 米。

经过村公路边的明代张骢祖墓群牌坊，明刑部尚书高友玑志其墓距离停车点约 100 米。

本条环线风景佳、古迹多、不走回头路、很适合自驾游，也有公交站始发站和公共自行车点，交通方便，值得推荐。

皇岙村一带的杨梅品质很好，也没有工业污染，更有国宝千佛塔、国安寺、王瓒墓、张璁祖墓，历史厚重，但一直没有挖掘自身的历史底蕴，村里还没有一家农家乐，青山白化也严重。随着环山北路的建成，皇岙村必然成为环大罗山绿道的重要驿站，必须做好历史文化村落保护利用，结合美丽乡村、精品村建设和大罗山国家登山健身步道建设，科学规划，必能打造出一个高品质的乡村旅游点。

竹屿听涛望霞飞

郭宁剑

竹屿的美，久已有之。千百年来，日落月升，星光迷离，孤屿凄清冷俊无人叨扰，悠悠然沉浮光波流转之间，那份静谧超然尘世外的美妙盈盈碧水烟波，孤芳不与外人赏。直到某年某月的某一天，不知从哪窜来一群背包客，夜宿孤岛，惊诧月下光影，幻入海市蜃楼。归述所历，叹为奇观，以至竹屿声名鹊起，引络绎不绝观光客沓来。

一朝闻名天下达应该算好事，尘间有多少名利客梦寐以求而不可得。但对于竹屿而言，魅力天成，自在一方，非关名利场，闻达未必是美事。女为悦己者容，景为赏识者赞，本是异常美妙的情绪，全在彼此欣赏珍惜。然竹屿美名，因背包客鹊起，亦因背包客有失检点的行为几近消亡。

慕竹屿美名，周末登岛露营。天气预报说阵雨转阴，没动摇去往竹屿的决心。下午两点，自驾四车十五人，沐浴一路艳阳行驶过长堤四桥。历个把小时路程，到达洞头曾经最知名的海港——东沙港。和风煦阳里，众人笑谈当今最不可信的便是天气预报。

向导安排的小船从港口起程。小电机"突突"了半个小时，临近竹屿。老天突然就变了脸色，远远看着乌云压着波荡海面过来。片刻之间，浓云盖顶。初时是雨丝飘洒，非陆地常见的缠绵细垂。海里的雨丝，不是用雨伞可以抵挡的。海风里打伞，本身就不算件容易的事，需得抵力撑持住。而雨丝被海风吹得横走斜击，时时变换方向四面来袭。一番努力，极尽抵挡，还是不能免夏雨渐润衣衫的结局。于是干脆放弃遮掩，大大方方承受夏雨洗礼。船靠码头的时候，雨越发猛烈，雨丝换作豆大雨滴，借由海风助威，不再横走斜击，沿着同一的斜角敲落下来，在地面击起跳溅水珠。有无雨伞遮挡，区别只在于是否能保全颜面和前胸的干燥，其余皆交给夏雨肆虐。湿透衣衫是无可选择的事，我只求相机无恙。竹屿以一场透雨迎接我们到来。

码头上几间废弃石屋，是当年渔民种养海带用作仓库和临时宿营的。屋子荒废多年，却一点不显破败。门户没了，窗玻璃也不见了，但石墙坚固屋瓦未碎，无碍遮风避雨。如今被我等占据了，休养生息暂避一时风雨。雨下一阵，算是消停些。乌云仍压顶，细雨还在飘洒。满山湿漉漉的，能捏得出水。是走是留，颇费思量。纠结过后，方向还在前方。转山脊，穿矮林，步乱岩，走野径，哪顾枝丫草刺勾衫、无视树冠水滴扑面。拨草寻路，折枝开道。折腾半小时后，脚蹬灌满水的鞋子，身着能拧出水的衣衫，站在竹屿岛东首山丘，望脚下平展展、绿茵茵草甸犹如草原一般，不禁雀跃欢呼。

因工作关系，我早年足迹几乎遍及洞头所有山头。当然，少数几座偏处海中央，无人居住小岛礁除外，竹屿便是其中之一。今日登临，见草甸如此可爱，童心萌发，几乎小跑着扑下山丘。进入草甸，却快乐不起来。远望的美丽，被近观的龌龊击得粉碎，到处是一摊摊露营过后的遗迹。破玻璃瓶子肆无忌惮粉碎在绿草丛中。旧塑料袋子花花绿绿点缀了四面八方。东一坑埋锅烧饭炭痕，西一摊露营丢弃垃圾。可恨露营者已让竹屿疮痍缠身。

夜幕降临，暗色羽翼掩盖人类一切丑陋与不堪。竹屿换了妆容，方显出天生丽质、清雅贤淑，让人联想起东窗帘后娇羞观玉兔的窈窕。感谢那场透雨，拂拭空中尘埃，让天际变得如此通透。极目东天，正演绎云舒云卷腾挪变幻。有些黄灿霞色与云朵纠缠，在天蓝里拉出一小抹靓丽。虽是很窄小的一线，天际却因之显得生动起来。夜更深些，霞色消失，圆月照海。冷冷月华悄无声息倾泻下来，将海面映出柔情万千的腻滑。岛礁藏在背光里，瞧着不很真切，远远勾勒出剪影，细节全无，却凭空勾引出些好奇来，

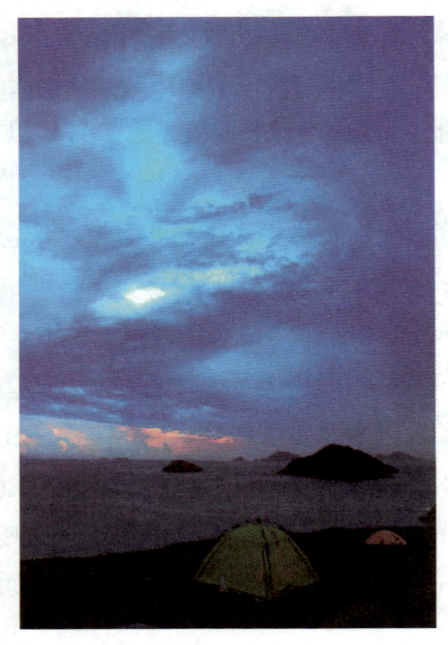

想象着暗影里是否有精灵羽衣起舞搬弄月影下的曼妙。

夜深了，人皆归寐。凉凉海风四处游荡，撩了谁的发梢，拂了谁的心弦，惹动谁的心绪，让你在岸边站成一尊雕像。痴痴望清冷月色飘在空中，浮在海面，涂了岛礁，空灵澄澈了这个世界。有些浮云在深蓝天际游弋，若飘扬纱幔，薄薄淡淡的。浮云飘过月轮的时候，并不能完全遮住月光，朦胧露出光影。透过云层，能感觉到圆月的轮廓，像极撩着薄纱遮掩的维吾尔族少女的脸。此时不需语言，不需华彩，不需所有世俗的点缀，只需净空了神思，听凭凉凉海风把心跳声融入浪拍岸礁的清鸣悠扬。

竹屿的月夜，清净悠远，不染尘埃，不该被世俗打扰。

穿越扎营永嘉碧油坑村

谢绮频

永嘉黄南乡碧油坑村，是一个淹没在崇山峻岭中的小村庄，是一个与仙居县交壤毗邻，定位在括苍山脉海拔800多米的高山中的古村落，只有五十多户人家，现居住人口只有八十来口。

周六，我们通过网络攻略，背起行囊，行走于最原始的山间小道，去探秘这个大山中的古村。传说中它是一个没有污染的村庄，那条通往村庄的小道布满蚂蟥，据说蚂蟥只有生活在没有污染的地方，让我想起了20世纪70年代，夏天坐在门口乘凉，门口那布满缝隙的墙壁底下，经常看到蚂蟥出没，抓一把盐，撒在蚂蟥身上，一会儿蚂蟥就变成了一滩水……

在林坑村的后山起点，沿着架越在大山上的电线杆方向，我们翻越了一座又一座的山岭，放眼远眺，漫山遍野的植被，在阳光的照射下，越发显得郁郁葱葱。而脚下那层层叠叠的梯田，为我们展现了江南的田园风光。

山间的溪流，时常横跨在我们的脚下，为我们户外远行者捎来清凉。当我们看到一条很大的溪流在身边出现时，那翻山越岭的疲惫一下子被清澈的水流洗涤得荡然无存，突然，一片平原及一座古老的木屋出现在远方，使得我们这些跋涉者欢呼雀跃，以为目的地“碧油坑村”到了，而这村也确实荒凉，一个村只有三座房子，问一个村民，才知这是“平坑村”，目的地还要

翻越一座山头……

终于见到埋藏在深山中的璞玉了，来到村口，眼前豁然开朗。原来村子建在一个不大但十分平坦的山坳里，房屋紧挨一侧。因为我们到达村里已是傍晚时分，家家户户的屋顶上，炊烟袅袅，空气中弥漫着一股柴火的气味，村庄中这些老房子都是采用原木、黄泥和石块建造的二层木楼，外形显得有些苍老和与世隔绝，这些深藏在大山中的古村落，千百年来，默默地沉淀着古老的传说，鲜为人知。

站在这座由石块堆砌的门洞口，望着里面那古老的木头梁柱支撑的楼房，那远去的家园的气息一下子又明朗起来，望着这一排排墙壁泛青的古屋，散落贯穿在已被铺上水泥路的村庄上，家家户户的门都敞开着，任我们这些外来游客随意进出，村子里的老老少少，对远方的来客，都异常的友好，古朴的民风从他们言行举止中，淋漓尽致地散发出来……

而我们事前约好就餐的那户人家，当我们到达时，早已给我们烧出了农家的土菜，拿出他们最好的东西招待远方的客人，任凭我们在她的家里洗刷打理，山里人家的好客热情，于城市相比真是天壤之别。

当我们在村子的一处空地上支起帐篷时，夜幕也悄悄地降临在小山村，村子一下子沉浸在静寂之中，除了水田里的青蛙在叽叽呱呱地欢叫外，村子里的那几条狗竟也静寂无声。那一夜，我们就这样，在大山的怀抱中，在星星的眨眼中，在青蛙的鸣叫中，进入梦乡。

黎明破晓，山村的黎明来得是这么的早，当我们走出帐篷，一阵清风徐徐吹来，大山中的清晨携带着清新的空气，我们的呼吸一下子又“贪婪”

起来，清新的空气真是别在大山的一枚徽章啊！这种空气，喧哗的城市是没有的。

山里人家的一天生活又从烟囱上的袅袅炊烟开始了，他们过着日出而作日落而息的低碳生活。一会儿，耕牛与他的主人一同下地开始农耕，而农田里拔秧、插秧的人也三三两两地开始劳作，一派田园风光……

当我们离开的车子要驶出村口时，一股哗哗的激流水声吸引了我们的脚步。我们下车一看，哇，原来我们的脚下，竟踩着一条瀑布，瀑布上游的溪流就是从村口处流过。我们转个弯，穿过瀑布上端的一小片树林，站到了瀑布的对面，山顶上的瀑布风景就很清晰地映入眼帘，飞泻而下的瀑布落下峡谷，轰鸣的水声给村庄添上了山水人家的气氛……

出游指南：碧油坑线路：诸甬高速岩坦出口下高速，看路标朝“林坑”方向行驶。到达林坑岔路口后，车子走法。不要拐入林坑方向，看路标直接到达碧油坑，盘山公路，路很新，但弯道较多。林坑到碧油坑，车程约半小时。

登山穿越走法：进入林坑后山，通过山间小道，登山穿越，一般的速度需 4.5 小时到达碧游坑，横架的电线杆就是路牌，沿着电线杆走，穿过一个平坑村后，再走过一个山头就是碧油坑村。但有蚂蟥出没。

村里有一户人家可以吃住，很干净，村里现建有两座公厕。

六、人文旅游

中国历史文化名城温州，人文底蕴深厚，在联合国地名专家组和我国民政部认定的中国“千年古县”中，浙江全省只有乐清、永嘉、瑞安上榜，居然都被温州市囊括；国家级生态县泰顺是世界廊桥之乡；温州入选国家级非物质文化遗产名录共有35项之多，其中东源木活字印刷术是已知的我国唯一保留下来且仍在使用的木活字印刷技术，堪称世界印刷史的活化石，入选联合国“急需保护的非物质文化遗产”名录；泰顺木拱桥技也被纳入“急需保护的非物质文化遗产名录”。温州有国家重点文保单位29处，其中全国唯一私家抗倭城堡永昌堡有“江南故宫”之美誉，利济医学堂是全国第一所新式中医学堂，玉海楼是江南的著名藏书楼。“北有诸葛亮，南有刘伯温”，千古人豪刘基故里令人发思古之幽情，千秋景仰。有全国红色旅游经典景区3个，全国工业旅游示范企业6家。

诗导鹿城

高 哲

中国诗之岛——鹿城江心屿（周建海手机摄影）

东海之滨白鹿城，温润之州扬美名。物华天宝气恒温，历史名城重人文。
曹湾遗址文物现，崇山峻岭昭先人。可考前推一千载，瓯越大地始文明。
驺摇首封东海王，独立建置开太平。七王之乱人共愤，楚汉争霸举义兵。
远离中原难敌闽，内迁江淮皆移民。开疆辟土襤褛地，东瓯痕迹烙印深。
东晋名仕郭闻喜，郭公山顶亲登临。移址瓯江南岸畔，七星八斗筑内城。
白鹿衔花呈瑞吉，风水最佳获好评。铅洗笔砚墨未干，五马齐驱忆书圣。
永嘉郡守谢灵运，世袭康乐出名门。孤屿中川媚云日，满园春柳变鸣禽。
归去来兮飞霞洞，寓志山水情怀真。群贤慕名纷沓至，独上孟楼听潮音。
江通中外丝茶路，海上贸易繁兴盛。唐代青瓷由此出，从此寺多外国僧。
靖康难后高宗跸，清辉御笔今犹存。永嘉学派三鼎立，程朱理学驿头村。
经世致用叶水心，重商文化集大成。人之豪杰文天祥，枉扶宋室于将倾。
明清海禁封闭紧，望洋兴叹空余恨。烟台条约通商埠，丧权屈辱开国门。
国无投资灾害频，人多地少民艰辛。喜迎重新开放日，终结四线止纷争。
百工之乡机遇临，勇闯市场嗅觉敏。服装皮鞋小商品，民营经济始飞腾。
不靠不要只唯实，温州模式国人闻。艰苦创业周大虎，两板精神亮人生。

领先鞋王属康奈，质量立市正名声。股份改革脚步稳，假冒伪劣无踪影。
富甲江南资本实，美曰东方犹太人。英奇匡国尊师教，作圣启蒙重人伦。
英才辈出难胜举，数学名家灿若星。一代宗师谷超豪，国家大奖终问鼎。
象棋之乡人才众，国际棋后美诸宸。国际政坛侨二代，非盟主席程让平。
首善之区百善陈，可敬红日老人亭。义馈社会献余热，善行天下倍温馨。
最赞鹿城好风景，热情服务迎朋宾。资源禀赋独无二，千般优势集一身。
山在城中处处绿，城在山中意境清。两塔耸立双对峙，一座孤屿媚江心。
千年古刹妙果寺，净光宝塔印光明。佛学大师一宿觉，松台山下悟痴嗔。
印象南塘展风情，十里荷花映古今。百里塘河水乡色，碧波荡漾龙舟竞。
西部山区生态好，绿色氧吧豆杉林。尤爱美味名小吃，初旭鸭舌藤鸡熏。
我说再多不足信，天一角里任君品。稳健发展人为本，专心念好生意经。
滚滚瓯江东逝水，狂浪淘沙始得金。长袖善舞任驰骋。和谐鹿城朗乾坤。

不得不看的泰顺廊桥

刘伟作

泰顺境内保存完好的唐、宋、明、清代的木拱廊桥达30多座，其数量之多、工艺之巧、造型之美以及与周边环境之和谐，在世界桥梁史上堪称一绝。

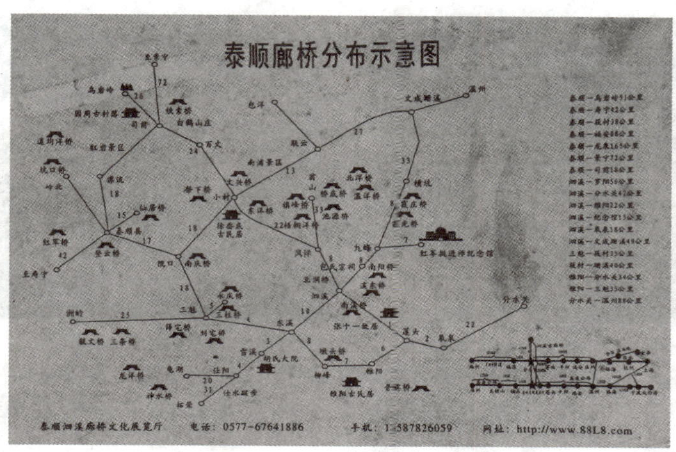

我上次去泰顺的目标就是有着世界最美廊桥美誉的北涧桥。

不过，当时来到北涧桥所在地泰顺泗溪镇下桥南山村已经是中午时分，先解决吃饭问题很重要。说吃就吃，就到了泗水山庄。地方比较好找，距离新 58 省道下桥连接口 200 多米，西依廊桥文化园入口停车场。

有话则长，无话则短，这饭就吃好了，接着来看北涧桥。

北涧桥，是叠梁式木拱廊桥，位于泰顺县泗溪镇下桥村，因桥跨北而上，所以叫作“北涧桥”。始建于清康熙十三年（1674），桥长 51.87 米，宽 5.39 米，净跨 29 米，桥屋 20 间，桥柱 84 根，桥面地板全由一寸厚木板两层加固。

横跨北溪之上的北涧桥整体结构合理，气势如虹，桥屋灰瓦红身，飞檐走兽，矗立在桥头的两棵参天古树掩映着廊桥和民宅，桥下二水交汇。青山、碧水、虹桥、古树，相互辉映，构成一幅迷人的风景画。

如果您想深入了解廊桥，可以到廊桥西首的博物馆（也是一个小礼堂）参观。

或者在廊桥东首的一个店面里碰到一位义务讲解的老者，让他来带您参观廊桥。

在北涧桥上游，距离很近就是溪东桥，摄影爱好者也可以在溪东桥拍出精美的照片。

在现场参观，能够感受到当地政府对廊桥周边环境的重视，地面清扫得很干净，垃圾箱经常能看到，厕所也比较卫生。别小瞧厕所，这个地方如果脏，那这个景区给人的印象就会很差很差的。

我还是比较喜欢住民宿。从北涧桥西首出发，沿着溪边走，感觉 1 分钟就可以看到一家民宿。一栋 3 层高的小楼就是“行人风迹”了。

然而，今天刚刚从泰顺旅游局得到的消息，这家民宿早已客满，想住得等到“五一”过后啦。

其实在泗溪镇还有一个好住处，就是“凤垟云海”。“凤垟云海”休闲自驾车旅游营地驿站坐落在泰顺县泗溪镇凤垟三门洋村乌石门。

驿站距离北涧桥只有4千米，从廊桥到凤垟云海，沿着环山公路而上，开车只要十几分钟，挺方便的。

“凤垟云海”农庄海拔高度为400多米，刚好是云海的最佳观赏点。您可以安心地在驿站住下，让您于群山环抱中呼吸着清新的空气安然入睡。如果能在第二天清晨日出来临之际醒来，您还可在观云台上看云海朦胧……

总体来看，在泗溪，赏廊桥，吃农家饭，住民宿，一天的行程还是很充实的。

泰顺畲乡风情“三月三”

林 哲

泰顺，这个浙江省温州市最南端的县，县名寓意着“国泰民安，人心归顺”，中国著名的古廊桥也在此。

泰顺县目前生活着 2 万多畲族人，2008 年被浙江省文化厅列入畲族文化生态保护试点县。畲族的传统节日“三月三”，又被称为“乌饭节”和“对歌节”，至今已延续千年。

正逢三月三，第一次去泰顺参加畲族风俗民情节。一路上，一情一景慢慢呈现在眼前，小城山水怎一个“秀气”了得，到处的绿意，已令人陶醉不知归路。

最精彩的就是泰顺少数民族畲乡的婚俗，一切都很古老。我们跟着迎

亲的队伍，也慢慢融入了这种异俗风情，感受着这独特的仪式带来的神圣感。艳艳的红色轿子里坐着美丽的新娘子，脸上洋溢着对新生活的憧憬喜悦之情。一只大水牛在前面引路，乐队吹奏着古老的乐器，一路欢唱，一路欢歌，多么美好的一幅画面啊。虽然这只是一种仪式的表演，但幸福联姻也是人类追求的一大理想和愿望，希望有情人在尘世获得幸福，希望天下有情人终成眷属。

在畲乡风情节上，我们欣赏到了传统的畲族山歌对唱，歌声纯净，唱出了有情人的心声。还有重头戏，就是品尝现场制作的畲族乌饭，乌饭是用采集而来的乌稔树叶煮汤，然后将糯米泡在汤里数小时后捞起，放在木甑里蒸熟而成，这样就蒸出了独特的人间美食。风情节期间，1000多桌的乌饭宴沿街摆放，人山人海众品少数民族家宴，场面的壮观，可谓这边风景独好。

忆泰顺，最忆是畲乡。赴一场畲乡风情盛宴，赴一场跨越时空的超越，每年“三月三”，来畲乡，让我们一起邂逅这回转千年的美梦。

古城——逝去的巷陌　为我们而存留

谢绮频

古城温州，原是江南水乡，水网遍布，出行摇船，家家户户的门前就是河埠头。但这一切，都已载入史册，只能从温州旧城志里找寻点滴的踪迹。

现在的城市建设，除了还保留着塘河外，其余的河网只存在很少的部分，就像古城的建筑，那些逝去的巷陌，只能存留在记忆的深处，偶尔拿出来翻阅一下。

但是，在温州中心区的北面，靠近瓯江的地带，还为我们保留着这样的一隅之地，那就是朔门，朔门的朔门街、七枫巷、永宁巷等五条巷陌，还存留着古城的古色古香痕迹。

一说到朔门街，马上有人会联想到文艺和小资，也有人会评价为普通。但不管人们对它持何种态度，每当有时间空隙时，我就会想起它，就想在那里晃荡下。

一个春暖花开的午后，我背起相机，再一次晃荡在那里。三月的阳光斜斜地洒向窄巷子，有点柔软，一走进朔门街，时光倒流，就感到自己走进了电影中的故事情节。镜头中，江南的某个古镇，白墙黑瓦，木门轩窗，林立的小铺，只是少了移动的旗袍和长褂。

在一家酒吧的店铺门口，店家用厚实的木头打造的桌子和椅子，像古战场上的战车似的安放在门口，吸引了文艺青年来这里聊天，当然也吸引了阿婆阿姨在这里聊家常。

都市里，很少能看到小时候家家户户都有的摇门了，但在朔门街，还是饱了眼福。这家的摇门，还延续着古老的模样，只是门内的装饰很现代。

在这里，我可以放慢脚步，慢慢地溜达，也可以顿足欣赏一个窗台上的吊兰。或是随意地闯进一家小店，无须消费，只需观赏。

远途我曾去过云南的丽江和大理、成都的宽窄巷、拉萨的八角街。近途是江浙一带几乎所有的古镇。但朔门街，留在我心里的，却是别样的风情。她就在我们的身边，只要我们哪一天突然想起，无论白天还是黑夜，都可以在半小时内到达光顾。

不知不觉中，走到了巷的中央，眼前一个古老的拱形门洞，就砌在路的中央，与小巷东面的门洞遥遥相对，这两个门洞，年代久远，是仅存的温州古城两道古老的拱形防火墙门洞，几乎是温州古城的历史丰碑了。

思绪飘过远古的年代，这条繁华的古街，瓯江北岸来的渡船一靠拢，肩扛担挑的乡下人就争先恐后地朝这街上涌。尽管这条街总长不到400米，但它却是江北岸乡下进城的通道，又靠在码头，购置起货物来十分便利，因而就形成了一条繁华的商业街。你若想买些什么，不论是柴、米、油、盐、布匹，或梳子、针线、纽扣，店铺里应有尽有，绝不会叫你空手回去。街不长且狭窄，满街热闹喧嚣。

恍惚间，时代让这街的繁华和喧闹成了昨天。尽管青瓦还在，老街依旧，可那一段曾

经有过的辉煌沉淀了，凝固成一本古老与沧桑的阅读物。走在街上，虽然没有了车水马龙，没有商贾络绎及摩肩接踵的热闹，但只要你仔细地去翻阅，在历史平仄的足音中放慢脚步，从那两边屋舍连排的一座座两层雕花的木楼上，从斑驳脱落的墙角，从青苔附着的古老的拱形防火墙门洞上，还是能读出过去的气息和景象。

而今，老街开设了很多有特色的酒吧、音乐吧、休闲吧、茶吧和陶吧，把远古年代的市井商铺演变成现代文艺范儿的店铺。

在走走想想中，一家曾经喝过茶的茶吧出现在面前，茶吧的主人正在店门口闲聊。我走进茶吧，去寻找当年那个雨夜对着天井发呆的地方，突然发现，这里白天与黑夜的景色相差很大，夜色、风声，雨水滴落在天井里，摇曳的植物在昏暗的灯光照射下的这种微妙感觉，让诗情画意又涌上心间。

一个茶吧，竟让我能有如此多年的惦记，何况一条朔门街。

出游指南：解放北路靠近望江路，4 路、6 路、43 路、51 路等公交车可以到达。

一个人的痴守

吴小淮

在悠久的中国传统文化历史长河中，非物质文化遗产深深扎根在民间，与千百年来百姓生活密切相关。但随着现代科技发展、人们思想理念及生活方式的嬗变，许多非物质文化遗产已成博物馆的陈列，而幸存在世的也面临生存空间不断收窄，传承后继乏人窘境。为拯救这些宝贵的遗产，政府实行了非物质文化遗产保护和遗产技艺传承人的选拔政策，民间有识之士也纷纷加入挖掘和保护、传承的行动中。王法炉就是其中几近于痴迷的一位，挚守着现今是联合国教科文组织认定急需保护的“中国活字印刷术”非物质文化遗产。

初识王法炉是在 2008 年 12 月的一天。那天，我牵头召集瑞安市平阳坑镇东源村三十多位从事木活字印刷的手艺人开会，第一次商讨成立活字印刷协会的事宜。作为当时已经列入国家级非物质文化遗产，正在申报联合国教科文组织急需保护的非物质文化遗产——木活字印刷技术唯一传承地的东源村，至今还有一百多人在从事这个行业，我觉得需要一个社团给他们一个家。王法炉坐在我的侧对面，冬天，圆圆胖胖的脸，戴着鸭舌帽，话语不多，眼光睿智，简短的发言十分有见地。从 2002 年开始，我研究东源木活字印刷结识数十人，这次姗姗来迟的认识，给我留下深刻的印象。后来，大家推举他担任协会会长候选人，我承担具体的社团登记工作，两人来往就密切了。东源木活字印刷于清乾隆元年随王氏家族从平阳腾蛟的翔源迁徙到此，主要为各地宗族梓辑宗谱，除了在家族各分支中传承外，也授艺于其他姓氏和邻近地方，过去各自分散经营，互相之间难免有竞争。所以，成立协会，特别是理事会与会长的人选成为大家关注的焦点，竞争激烈。在筹备成立的过程中，王法炉顾全大局，团结群众，使得 2009 年 6 月，瑞安市活字印刷协会顺利挂牌成立，王法炉又相继担任东源活字印刷有限公司的法定代表人、董事长，东源村村委会主任。

王法炉行辈是东源王氏家族木活字印刷技术传承最集中的六房家支第三十四代，今年五十五岁，排行老四，十五岁就开始随父亲辗转各地修谱，五兄弟都曾从事木活字梓辑宗谱的手艺。我与他相识的那年，刚从新疆回乡，当上活字印刷协会会长后，竟然放弃了多年经营的棉花生意，开始了至今仍在赔钱的传承非物质文化遗产的旅程。王法炉不精于木活字的雕刻技术，所以无缘跻身瑞安十多位各级非遗传承人的行列，享受不到政府补贴，协会和起步阶段的活字印刷公司也只有微薄工资，这些年，他除了繁杂的协会工作以外，承担政府和一些民间交付的木活字印刷制品的开发和制作，所得报酬，除支付材料、人工费成本外，剩余不多的利润都归入协会或公司的收入之中。但他毫无怨言，有时慕名而来的宗族人士要求木活字梓辑宗谱，他带领骨干会员一起，身体力行，认真去做好每一笔业务。自己也和大家一样，拿一点微薄的工夫钱，先后梓辑了《何氏宗谱》《陈氏宗谱》《罗氏宗谱》等木活字谱牒。

王法炉为人耿直，心直口快，办事认真，恁有一股钻牛角尖的憨劲。他看到，在现代社会，传统的手艺需要迎合新的需求开拓市场。木活字印刷作为中国乃至全人类宝贵的文化遗产，它的制成品有一定的实用和收藏空间。这几年他集中精力，琢磨开发木活字印刷古籍和衍生品的途径，开始试印《三字经》《千字文》等通俗启蒙木活字线装读本。温州市和瑞安市文化部门得知王法炉这个意向之后，非常重视，专门拨款定制《谢灵运永嘉诗录》、唐代佛教永嘉大师玄觉的《证道歌》、道家经典《道德经》《孙子兵法》等古籍。王法炉珍视这个机会，全身心投入到每一种古籍的印制过程中。他看到在民间宗谱梓辑所存在的各家木活字字模大小不一，字体和刻字技术参差不齐，开本和排印不规范，纸张和封面装订档次不高，而书籍印刷有严格的行业标准，要想彰显木活字印刷书籍的档次和古法规矩，必须从各个工艺流程进行把控。为此，他自学古籍书版的知识，汲取古籍善本的技术精华，寻找最好的材料和技术来印制这些书籍。木活字取材于棠梨木，这是一种质地非常坚硬的树种，生长期非常长，现在很难找到已经成材的合适树木。王法炉整整花了三年的时间，足迹踏遍瑞安、泰顺、文成、青田、永嘉深山冷岙，终于在文成与青田交界一处深山，找到了一株濒临枯干的棠梨木树，如获至宝买回家，规划好切割方案，包括边角料都充分加以利用。马屿镇年过七旬的刻字老师傅李福尧，祖传就为东源人批量刻制木活字，王法炉就请他专门为这批书籍刻上老宋体木活字和精美的书名、扉页雕版，请人定制古籍版本的印版，购买上好的宣纸和印墨，联系北京、安徽、江苏等地，定制传统的古籍函套和木匣。为了在两册一函的《道德经》和两册一匣的《孙子兵法》上推出瑞安代表性的两项非物质文化遗产，他还与蓝夹缬传承人共同切磋，专门刻制与书籍内容相符图案的花雕印版，定制蓝夹缬布料，用作书籍的封面，古色古香，非常美观。

2013年岁末，瑞安市非遗保护中心决定用木活字印制南戏鼻祖，元代瑞安人高则诚的古本《琵琶记》，王法炉欣然接受了这个系统的古籍整理和排版印刷任务。这个木活字本《琵琶记》选入中华书局五种古本琵琶记中的三种版本，版式不一，还涉及正文夹小字夹注，工程浩瀚，在近三年的时间里，王法炉排印了近五百个印版，排字二十余万，共分五册，仍然选用蓝夹缬布面作封面。王法炉排版和刷印技术高超，在东源木活字印刷队伍中算是人们公认的能工巧匠，所排印的这些书籍中规中矩，非常美观，呈现着传统印刷品古色古香的品位。这批古本《琵琶记》现在已临近完工，很快就可以让人一睹元曲代表作的木活字本的风采。

毕竟曲高和寡，这些木活字印刷的书籍全手工制作，成本高昂，售价自然不菲，零星为少数文化人或古籍商贩所购，市场的需求量不大。王法炉又开动脑筋，自己投资去开发木活字衍生品。这两年，他启用老祖宗“王就正堂”的谱局字号，琢磨着古本经卷的木活字印刷。首先他排印了字数较少，诵读人群极为广泛的佛教经典《般若波罗蜜多心经》，用上好的宣

纸印刷，分为镜框装裱和卷轴装两种形式。最近，他又排印成功《金刚经》长卷，采用保存至今的唐咸通九年手写经文加一幅雕版画面的版本，用木活字按照原貌排版，在富阳定制特殊规格，用嫩竹子采用传统手工技艺制作的纸张印刷，印制成功长达六米多的超长卷。那天去他工作室欣赏《金刚经》长卷时，陆羽的《茶经》古本复印件摆在案头，他说接下来要把《茶经》推出去，相信这个本子卖茶叶的、开茶室的、嗜茶雅士们会喜欢。

我无法想象，这么多年，王法炉放弃了在新疆的生意，又关闭了家里的被服工厂，妻子靠替人缝鞋帮贴补家用，前两年从村主任位置上退下来以后，更少了村干部的补贴，承接的古籍印刷业务归活字印刷协会和活字印刷公司所有，自己除了微薄的劳务费，还要尽义务为协会和公司工作，接待络绎不绝的来访和参观。家庭里，女儿待嫁，军校毕业在部队服役的儿子也到了结婚的年纪，早年经商攒取的积蓄不多，这几年又投入到木活字印刷衍生产品的开发上，至今未取得经济效益，其窘境在与他交往中常常体会到。我问他，这样你独自一人去做，觉得值得吗？毕竟这几年，这项世界级非遗的影响带红了东源人修谱的生意，他们都开心地享受着市场的红利，而你却独自一人坚守着协会、公司和木活字印刷书籍的工作，又要自掏腰包开发衍生产品，值吗？“老婆老是笑骂我是‘呆头’，但有什么办法呢？老祖宗的这项手艺不能只吃着眼前印宗谱的饭吧，要把它传承下去，总要有人去开发新的市场啊！”

一个人的“痴守”。我无言以对，也由衷地钦佩。

温州武术博物馆增添东瓯文化新景

董约武

博物馆数量可以体现一座城市的文化底蕴，温州自古以来就有“东南小邹鲁”之称，温州的博物馆无论在数量还是品质上，在浙江省范围内都是领先的。随着城市旅游的日渐兴起，博物馆的旅游功能日益突出，逐渐成为展示城市独特历史文化、提升城市文化旅游吸引力的重要载体。旅游体验师董约武致力于弘扬温州武术文化，为全国首家地市级武术专题博物馆的成立，起了重要的推动作用。

温州武术博物馆是全国首家地市级武术专题博物馆，它的筹办是在温州市创建国家历史文化名城的背景下，温州市文化、宣传系统充分发挥温州民间财力、人力资源，有效保护、利用文保单位的实用功能而创办的具有浓厚地方文化特色的民间专题博物馆的一项创新举措，是温州市民的又一个了解温州地域文化的好去处。

2013 年 10 月，温州市文广新局在媒体上发布消息，拟将耗资 800 多万元整体平移保护的文保单位——“百年杨宅”免费招标给民间开办具有温州地方文化特色的民间博物馆。杨宅原位于市区浦桥河畔西门莲花埭 3 号，为清末温州市一名航运商人所建，占地面积约 457 平方米，建筑面积 737 平方米。因广化路建设需要，对其实施了平移保护，以其平移难度大、历时时间长而被称为“浙江古建第一移”。

温州市武术协会经过三轮招标，从数十家竞标单位中脱颖而出，成功竞得“杨宅”，用以创办全国首家地

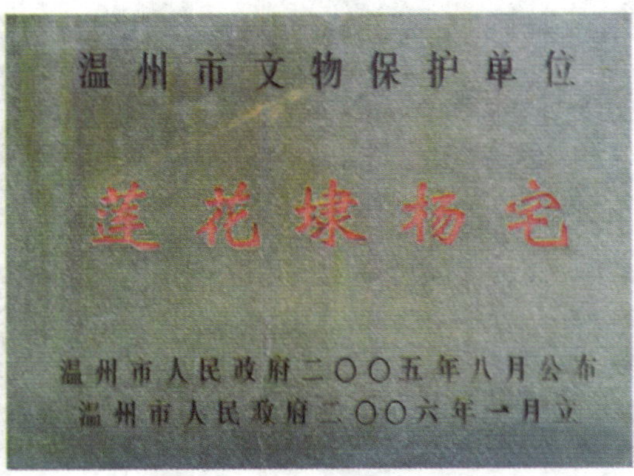

市级专业武术博物馆——“温州武术博物馆”。经过两年时间的布展，该馆于2015年年底开始试开放，2016年3月举行了正式开馆仪式。自开馆以来，参观人员络绎不绝，成为温州市民和外地客人了解温州武术文化的必经之处。

温州市武术博物馆一楼重点展示了温州武术发展的历史脉络、主要拳种的发展流变、传承地、名师宗匠、武协沿革、竞技武术以及武术产业等内容，二楼临展区目前展出的内容为温州80岁以上（健在）名老拳师生平事迹。

温州武术博物馆从申请办、到运行都体现了独特的“民间力量”，该馆由温州市武术协会主席李志荣个人出资数百万兴建、陈展，体现了民间对温州武术文化挖掘的热情和奉献。同时，为配合该馆日常运行，成立了“温州武协义工团”，每个开放日都有义工在那里义务讲解和展示温州武术文化。因此，温州武术博物馆不仅是温州市各地武术爱好者的一个共同学习、研讨武术技术、理论和文史的交流平台，也是有效整合民间力量推动地方文化发展的一大创新载体。

从陈展情况来看，温州武术博物馆展示了温州这座城市自古以来武风兴盛、历数千年而不衰的历史。温州是著名的“武状元之乡”、南传内家拳的发祥地和“中国南拳之乡”，历史上出了武进士393名、武状元19名（温州历史上文状元6名，合计25名），仅南宋一代，就有武进士

305 人，武状元 14 位，占全国 1/3。明朝开国名臣汤和、抗倭将领戚继光抗倭在温州留下了赫赫战绩、彪炳史册。宁村、金乡卫、蒲壮所城、永昌堡，都是温州人民保家卫国、奋勇抗敌的历史遗存。民国时期的温州武术人，以不可小觑的实力活跃在中国武术的平台上。其中，叶大密是“中央国术馆”的第五号董事，于 1926 年创办了中国首家专业太极拳社——“武当太极拳社”；“五绝老人”郑曼青曾任湖南国术馆馆长，是蒋介石、宋美龄的老师，和太极拳宗师杨澄甫合著有《太极拳体用全书》；国学大师南怀瑾曾习练温州南拳、太极拳等，一生拜师数十位，曾经获得杭州国术馆举办的武术比赛冠军；温州医科大学的创始人、有“中原第一刀”之誉的林镜平先生于 1953 年创办了温州市国术研究会（即首届温州市武术协会），是全国最早的地市级武术协会之一。有“中国道教武术第一人”之称的陈文征排名“江南武术四大名宿”之首，曾任浙江省武术协会首任主席。铜钟功一代宗师蒋幼山（2016 年是其诞辰 130 周年）与乃父蒋馨山、徒弟曹骏一均参加首届杭州国术游艺大会，执掌过多个国术馆，弟子传人众多、影响广泛。改革开放以来，温州大学袁镇澜教授（曾任温州武术协会三届主席）和他的

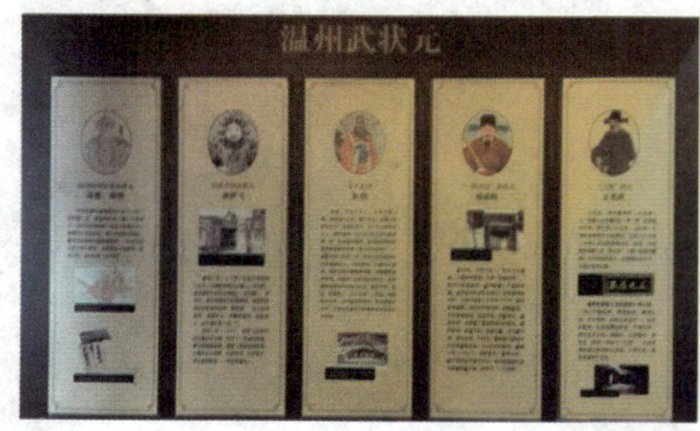

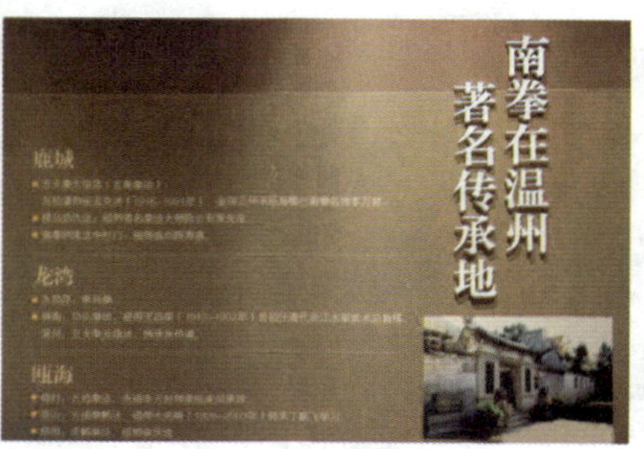

弟子、学生在竞技武术领域取得了骄人的业绩，获得国际、全国冠军数十人次之多。

温州武术博物馆开放以后，社会各界广泛重视，不断有人向博物馆提供武术史料、展品，以及各类武术文化信息，充实了该馆的展示内容，提升其展示效果。

大南一日游

李泓毅

圣诞时节，冬雨菲菲，雾锁楼台，空濛凄迷。余应邀与诸体验师同游南塘及闻宅巷，有感于读图时代之潮流，故拟打油诗节约文字以记之。

（一）码头龙舟

重游温江白鹿洲，依栏铁索系龙舟。
三十六行今安在？唯见塘河荡悠悠。

（二）古玩城

文化村里古玩城，珠藏瑞气玉含灵。
奇巧珍玩堪入画，壶里能转大乾坤。

（三）数学名人馆

明清故园庭幽深，群星灼灼耀星辰。
谷氏展馆存胜迹，待留后人问苍穹。

（四）博山美术馆

博山美术馆，
墨香吐幽兰。
丹青寄情愫，
方寸浸河山。

（五）雨中游塘河

画舫无桨绕塘河，浮桥倒影染冬霜。
楼榭盈盈排水过，亭台濛濛醉余波。
五龙锁江戏珠玉，白鹭凌波觅金鲹。
巴士江心掀浊浪，暮霭森森雨婆娑。
潋滟江水添寒意，微雨沾衣有余香。
清风河堤戏紫叶，船头无心数青苍。
不见古贤留诗韵，常忆太守独彷徨。

（六）闻宅巷平安夜

闹市深闺闻宅巷，自恃丽质懒梳妆。
夜雨当垆阑珊处，素手沽酒十里香。

七、体验报告

写体验报告是旅游体验师的工作任务。旅游体验师通过对温州旅游产品线路、景区、旅行社、饭店服务进行体验或暗访督察，提出建设性意见和建议，督促整改存在的问题，向旅游局提出提升游客旅游体验的建议，使温州的旅游产品更加适应现在的消费市场，更加满足旅游者的消费心理，从而推动温州旅游向更高层次发展。以下文章为既往的体验报告，用于旅游学术交流讨论，不代表景区现在还存在文章中列举的问题。

瑞安九珠潭风景区、东源木活字印刷展示馆旅游体验报告

王 毅

2015年3月14日，我有幸参加了温州市旅游局举办的温州旅游体验师活动，被分在第二组，由翁处长带队，游览瑞安九珠潭风景名胜区，参观东源木活字印刷展示馆，度过了愉快的一天，认识了好多旅游达人，收获颇丰。

作为一个瑞安人，对这两处景点，我都比较熟悉，甚至在它们作为景区开放之前就参观游览过了。但是，今天作为温州市旅游局的候选旅游体验师，站在另外一个角度来审视、观察和思考，却是另外一种不同的经历和体验。下面分几点谈谈参加本次活动后的一些想法，不甚成熟，仅供参考。

景点组合搭配较合理，木活字展示馆令人印象深刻。

九珠潭和东源的组合，是作为常规线路的一日游，平时常在旅行社的行程单中见到，一个自然景观，一处人文遗存，搭配较合理，两地相距也不远。这样游客可以在一天之内，比较从容地游览两处，各有不同的收获。

尤其东源的展示馆，采用文字、图片、实物展示和木活字印刷国家级传人现场演示互动相结合的一静一动模式，内容丰富，能展示中国活字印刷的发展历史和成就，以及东源木活字印刷活化石般的独特地位。而且展示馆坐落在一个古色古香、幽静的传统四合院里，相得益彰。

当然，要是能在原来四个展厅的基础上，再开辟诸如一个采用现代化声光电技术的全景银幕电影厅，来展示印刷术发展历史和东源谱师工作生活场景，能加深游客对中华传统文化的认识，也可以增加展览馆的经济效益。还可以进一步加强展览的互动性，比如增加让游客自己动手印刷的环节，会对年轻一代更有吸引力。

我第一次看到谱师刻族谱，是20世纪90年代在平阳一个非常偏僻的小村落里，黄昏时分，推开祠堂的一扇老旧而干净的木大门，看到一个戴

着老花镜的谱师先生埋头认真工作，夕阳洒在他身上，拉出阴影，静谧中，仿佛千年时光倒回，让人感叹不已。所以，我觉得再现谱师生活工作场景，会有较强的感染力，也符合体验式旅游的发展要求，增加游览的趣味和景点的品位。

九珠潭景区自然风光秀美，但是还要做进一步的深度开发。

（1）景点特色不突出，游客停留时间过短。

九珠潭景区开发时间晚于临近的花岩（九潭）景区，自然风光特点类似于花岩，同样是以青山碧水、峡谷幽潭作为看点，感觉有重叠之嫌，不能凸显景区特色，于是导致有些外地游客搞不清九潭和九珠潭的区别。同时，注意到景区体量较小，加上没有能吸引游客脚步停留的亮点，导致游览九珠潭的时间比较短暂，脚步快点的来回一个小时就够了，而且景区游览路线走的是重复的回头路，也冲淡了游客对景观的兴趣。

主观感觉九珠潭景区游客并不多（缺少客观数据支持，见谅），景区出来后，咨询了门口一些零食小贩，从一个侧面也证实本人的判断。

（2）针对以上问题，提出一些不成熟的建议。

短期可以做的：

在保证游客安全的前提下，沿途峡谷溪流边开辟若干亲水平台，让游客可以停留戏水、野餐，增加停留时间。

围绕神龟湖大做文章，周边开设诸如野营基地、烧烤区、拓展活动区、CS 野战区等设施，或者突出其中某一个主题，总之要让游客加深对九珠潭的印象。

尽快建设好目前环湖的游步道，不要再用竹竿挡路。

中期可以做的：

继续开发神龟湖上游的神秘峡谷，建设游步道，扩大景区范围。

在此基础上，形成景区的环路，让游客不走回头路，增加游玩的乐趣。

远期要规划的：

景区的定位问题，和花岩景区的功能区分问题。

周边道路、配套设施的建设。

当然，在练好内功的基础上，景区的对外宣传工作也是一个非常重要的问题，在此不敢弄斧。

这是本人在这次活动中的一些感受和想法，非常粗浅。最后，非常感谢温州市旅游局给我这样一次机会，希望今后能再有机会体验温州的大好风光，作为温州的一个市民，为我市旅游事业的发展尽绵薄之力。

从实地体验看崖下库景区的开发与管理

高　哲

2015 年 3 月 14 日，温州市旅游局组织赴永嘉县楠溪江崖下库景区进行实地考察体验，在导游的带领下，按平常的游览路线实地察看了景区的基础设施、接待设施及农家乐餐厅，虽然自己在做地陪导游时该景区去过多次，但这次的目的有所不同，所以感觉也多少有些特别。十多年前，我就带团去过崖下库景区，当时古朴自然，几乎没有开发，去的游客也不多，景区游览时间最多一个小时。近几年，永嘉县有关部门投巨资对景区进行了升级改造，虽然工程还没有完工，但景区的变化让我这名老导游员十分惊喜，科学的游览线路设计、全新的登山步道建设、刺激的玻璃悬空栈道等，让老景区面貌焕然一新。景区内游客众多，停车场停满了汽车，附近的餐厅也几乎一位难求，旅游经济显得格外火爆，景区这些年的名气、人气确实提高不少，开发得还算成功，成绩有目共睹，我就不再多奉承了。体验过程中，我觉得在景区的开发与管理方面需要提升的地方还有很多，总结起来主要有以下几点。

（一）文化内涵挖掘不够

楠溪江景区的整体文化氛围浓郁，如耕读文化、山水文化、生态文化、红色文化、宗教文化、饮食文化等，各种文化交织互融，和谐共生，这在国内的景区是比较罕见的。崖下库景区在开发的过程中，缺乏对相关文化的深度挖掘，仅停留在景区的基础设施建设方面，一路上紧跟导游听讲解，也没有完全了解崖下库这个名称是如何得来的。导游词上说和汉武帝刘彻有关，那在景区开发的过程中是否增加一些与此相关的元素呢？导游员的讲解也仅限于这座山峰、那块石头像什么，除此以外，就没有别的内容了（景区的导游词应该具有一定文化内涵）。可能是本人对人文的东西特别感兴趣，恕我直言，如果自然的景区缺乏人文内涵，就像人得了软骨病一样，没有什么东西让人印象深刻。景区内花巨资修建了一座铁索桥，我认为是最大的败笔，除了增加景区安全维护的成本、增加安全风险外，别无他用，因为这座桥会使很多游客错过里面更好的栈道风景，心惊肉跳不会增加旅游感觉，反而只会让人做噩梦。景区应多花心思在景区文化力的提升方面，在体验奇山秀水的同时，更能了解与景区相关的文化知识，这种吸引力才会持久。

（二）配套设施还需完善

一路体验下来，我觉得目前对外开放的景区配套设施还有许多亟待完善的地方，主要表现在以下几方面。

（1）景点指示牌缺乏：游览线路上只有几处线路图，景点的指示牌完全没有，如果没有导游人员的介绍，估计买票进来的游客会错过不少的美景。虽然有些景点都是像与不像的问题，但景点的指示牌有与没有是另外一回事。温州正在进行智慧旅游建设，很多景区内的景点都设置了二维码语音导览系统，方便游客游览，如果崖下库景区连块景点指示牌都没有，恐怕说不过去。

（2）安全警示牌不足：登山步道、栈道、铁索桥等处，地势比较险要，容易发生意外安全事故，更有些素质不高的游客会向护栏外乱丢垃圾，增加环卫工人的工作难度，景区需要在这些地方设置相应的提示或安全警示牌，提醒游客相关的注意事项。

（3）厕所位置不合理：景区内目前修建了两处公厕，外观及内部设施达标应该没有问题，但其中一处的选址大有问题（位于山上的那处），正处在交叉路口的上边，是游客必经之地，凡是从此路过的游客，都会闻到阵阵气味，确实大煞风景，即便是经常清洁，可能也很难解决气味问题。

（4）购物设施简陋：在景区入口处的路边，有些阿姨售卖本地特产、自家种的青菜或从山上采集的山珍，品质很好，很受游客欢迎，但缺少统一标识的操摊位，随意地摆在路边，建议景区从自身形象着手，设置统一的摊位，既方便买卖，又提升景区的形象。

（三）周围景区联动不足

记得2014年的某个时候，崖下库景区与相隔不远的陶公洞景区、十二峰景区、石门台景区曾尝试联票制，将这几个景区打包进行捆绑销售，且只售卖联票，各景区不单独售票，闹得沸沸扬扬，最终不了了之。这件事于法于理早有定论，本人认为这个想法是好的，小楠溪这边的几个景区确实需要联动发展，来楠溪江的游客主要集中在大楠溪，主要原因是小楠溪这边的景区缺乏开发和特色，现在崖下库、永嘉书院相继开发后，来小楠溪这边的游客也慢慢多了起来，游览后游客的评价也还不错，小楠溪这边的另外几个景区是否能借得到崖下库、永嘉书院的东风呢？确实需要管理部门劳心费神一下，从九丈游客中心沿小楠溪一路上过来，几乎看不到这些景区的广告牌，建议是否可以树几个，告诉游客这边有哪些景区景点、景区特色、与相邻景区的距离等信息，永嘉书院和崖下库的停车场、入口处等地方，是否可以设置一些陶公洞、十二峰、石门洞的广告或说明，让已经到小楠溪这边来的游客能顺道去看看，怎么能放过这些已经送上门来的游客呢？这些景区实现联动发展，带动榫溪江小楠溪板块的崛起！

个人拙见，是为感。

关于仙岩风景区改进、提升的建议

董约武

2015年3月14日，温州市旅游局组织了一批旅游爱好者（旅游体验师报名人员）参加仙岩风景名胜区体验考察之旅。一行人既热衷于支持、宣传温州旅游事业发展，又热心于促进温州旅游景区接待品质的改善、提升，本人有幸忝列其中，兹就仙岩景区改进工作提如下几点意见。

（一）硬件基础设施亟待改善

（1）从进入景区主要干道到景区内指示牌、出口线路的标识牌需要进一步增设和改进，目前个别地方标示不明。

（2）景区入口溪水内的假岩石（水泥仿制）、梅雨潭亲水堤坝的水泥仿制岩石破败不堪（钢筋外漏，既大煞风景又有危险性），三皇井古迹上方的雷潭水库大坝现代化的钢筋水泥外观跟三皇井的千年历史遗迹悠远高古的气息格格不入，这三处务必就地取材，用附近特有的岩石进行改造和修饰，还原其自然情趣，提升景观品位。

（3）景区内游步道的品质较差、个别路段危险系数较高（两侧均缺护栏、扶手），一些游步道当中的“条石”改用新的磨平光滑的花岗岩石板，与既有风格完全不同，在观感上完全是一种旅游品质上的破坏；龙须瀑下面湖水下泄口的丁步品质极差、危险性较大，需改进。

（4）仙岩景区内摩崖石刻历史悠久、名家众多，具有较高的文物价值，但是一方面近年来风化、剥蚀严重，另一方面缺乏专业维护、打理，石刻填漆、用色庸俗不堪，务必聘请专业人员指导、改进。

（5）景区内各大凉亭、路亭建成历史时期不长，且建筑品位较低，亟待改造提升。多数亭子内设置的新刻石碑似乎应移至亭外，因为如此小体量的亭内设置大石碑完全阻挡游客视线，让游客在亭子里“心欲歇而人却停不住”。

（6）旅游必需品购买点（登山鞋、雨伞、登山棍、导览图等）、旅游接待中心、景区入口、景区内的厕所等基础条件较差都有提升的必要性。

（7）景区的垃圾收纳、转运、处理需要规范、专业化设置；风景区内的购物点未经规范化改造，一派“违章棚屋”格局，建筑风格需统一设计。

（8）景区入口正中的一栋居民历史合法建筑（据说）与风景区格局完全不匹配，其屋后的低矮斜坡式厢房完全一副“违章建筑”的格调，即使政府征收、拆迁不成功，也务必改善其外观以与景区协调、融合，以免给外来游客造成一种温州基层政府“无作为”之感受。

（9）景区植被缺乏专业养护。作为大罗山森林公园的组成部分和省级风景名胜区，仙岩景区内部分山体黄土裸露，树木覆盖和绿化层次不高，其改进提升有较大空间。

（二）文脉挖掘、品牌打造、软件配套有待提升

（1）仙岩景区有着深厚的文化底蕴和历史人文积淀，期中谢灵运、陈傅良、朱自清等文化品牌急需对外打响。当务之急，需先利用、打造、宣传好“朱自清—《绿》—梅雨潭—仙岩”一体化宣传品牌，充分发挥好因朱自清先生游梅雨潭而写的《绿》这篇文字收入中小学课本而广为人知的无形品牌，吸纳游客。要续上已经连续举办五届的“绿文化节”（2009—2013 年），持续增加宣传影响力。

（2）旅游客户群的锁定和旅游产品的开发。一方面朱自清的《绿》的读者是仙岩风景区的文化“粉丝”，另一方面仙岩作为温州市区交通最为便利的省级风景名胜区，在发展短途旅游、近郊休闲游、周末亲子游等方面具有其他景区无可比拟的先天优势。而其所具有的兼具历史人文教化功

能、得天独厚的自然资源两者都是吸引中小学生、家庭亲子有的最佳“卖点”，因此市场前景有目共睹。在景区的空旷区域稍微增加部分儿童拓展项目、儿童游乐设施，比如休憩的秋千、攀爬架、滑梯等，投入不高，旅游却卖点多多。

（3）改善导游服务。目前，针对景区专职导游缺乏的实际情况，继续推出仙岩景区“语音导览系统”，将导游词转化为音频设施。可以以游客租赁导览器材的方式，也可以采取特定景点“手机二维码扫描”的形式，由游客自行登录。

（4）利用好微信朋友圈、微博、QQ 等现代化的强大宣传平台，推出相应的旅游优惠项目，吸引游客，提升知名度和美誉度，短时间提升景区客流量。

（5）流米岩、珍珠泉的旅游价值有待进一步开发。目前，若非专业导游带入，该两景点几乎无人游及。而这两个景点具有的人文卖点、科学常识普及功能，都可以加以进一步挖掘和发挥，增加仙岩景区旅游资源的丰富性。

（6）电信、移动信号覆盖要加强。景区内部分地区甚至没有手机信号，这与城区内区位优势如此显著且开发多年的“首批省级风景名胜区”称号名实不符。

（7）特色旅游产品有待开发。应引导开发具有仙岩当地特色的农产品、民俗用品、食品、用品、工艺品、主题书画艺术品、仙岩人文掌故书籍，还可以请专业摄影师拍摄仙岩风光明信片，以提升仙岩风景名胜区的综合品位。

另外，景区尚有大量的细节需要不断地提升、优化，如景区内每天有大量村民、游客前往取水的泉水出水口，仅一根塑料管且周边环境凌乱、简陋，完全可以对周围环境和出水口进行专业化、景观化的改造，提升品质和吸引力。

以上建议，匆匆草就，仅供参考。

永嘉书院体验报告

杨凤燕

十一假期选择了去较近的楠溪江景区走走。永嘉书院作为楠溪江新的景区，坐落于温州永嘉沙头镇珠岸村，从诸甬高速古庙出口，永嘉方向，到九丈大桥左转，大若岩镇方向 3.5 千米，即到达永嘉书院。景区入口处停车场，国学大师南怀瑾题写的“永嘉书院”碑牌矗立空中。景区门口有村民售卖当地特产，板栗、柚子、玉米、时令蔬菜，也有玩水抓鱼的渔网、水枪等，很受孩子们的欢迎。沿着滩林一路进去，购买了 50 元门票，可选择售票口至山顶景点之间有电动旅游车（票价 10 元 / 人）。

沿溪的路恰到好处地运用了楠溪江山水的天然优势，左边是通往瀑布的石板桥，清澈的流水哗哗地从桥底流过，若是眼睛盯着水面久了就有晕晕的感觉，刚下过雨的水漫到接近石板桥的水面，生怕不小心就踩到水里去了。左前边的圆形平台上，时有文化表演、水上冲关游戏，还可举办类似“印象西湖”的晚会，将民俗节日文化活动搬进来。通过石丁步，在书院的林荫小道中漫步，一座座青砖黛瓦的仿古风格建筑浮现眼前。在其中一处悬挂“全国青年书法家协会联盟永嘉创作基地”牌匾的院落门前停下，

看门口的展示牌介绍，这里正举办书画展，增添了书院的文化气息。

书画馆驻足后，前往金坑瀑布，小路刚刚好容纳一人行走，瀑布下的鹅卵石水塘是小朋友嬉戏的乐园。顺着瀑布阶梯山路往上爬，可观赏7D电影，一线天景区。瀑布两边都可以上下山，从体验效果来看，建议从面对瀑布的左手边稍陡的阶梯上山，一则上山容易下山难，上山的阶梯陡点问题不大，右手边平缓的山路阶梯用于下山更科学，二则从左手边上山仰头能看到一线天，光线透过狭窄的山崖壁，仿佛头顶就只有一线天空。慢慢行走，上下山来回40分钟，返回石板桥，这时我们只能从石板桥旁边的石丁步经过，丁面平坦，仅容一人行走。为了避免南来北往的行人在经过石丁步时交错相碰，因此，石丁步之间两旁，每隔八九步，便建有一个子丁或让路丁。楠溪江民风淳朴，凡是过丁步相遇，人们都会自觉地向旁边子丁上让路，以便让对方先行。石板桥、石丁步，犹如交通道路中的单行道，一边通往瀑布，一边通往拓展区。拓展区内，滑滑梯、秋千、悠悠木是孩子们的乐园。

出游指南：通往金坑瀑布方向的一座顶部露空的厕所建筑，很有特色，但不足的是，在儿童拓展区找个厕所很不容易，对游玩的儿童来说很是考验。

文成生态旅游初体验与思考

金天野

文成概况：文成，以明代开国元勋刘伯温的谥号为名，素有“天下第六福地”之美誉，2015 年 8 月继浙江省永嘉县、桐庐县和丽水市之后，文成成为了省内第 4 个“中国长寿之乡”称号. 全国第 68 个获此殊荣的地区。文成县地处浙江省南部山区、飞云江中上游，以本地历史名人、明朝开国元勋刘伯温的谥号为名，自古有“天下第六福地”的美誉，享有“帝师故里”之称。文成拥有“中华第一高瀑——百丈漈”“东方药师佛国——安福寺”“亿年壶穴奇观——铜铃山”和“千年红枫古道”等旅游“金名片”，独特自然风光，赋予了长寿之乡文成得天独厚的休闲养生条件，其灵秀的山水，也孕育出丰厚的文化结晶。文成旅游业正实现从随意开发到县规划引领、从资源战略到品牌战略、从景区时代到目的地城市、从特色产业到主导产业的转变，“绿色发展、生态富民、后发崛起”的路子走得越发坚定。全县每年打造一个核心精品景区。

（一）文成初体验印象

一直以来本人对于文成既是熟悉又陌生，熟悉在于文成位于温州市西南部，飞云江中上游，全县东接瑞安市，南临平阳县、苍南县，与乐清一百余千米，经常电视、新闻媒体出现文成的身影，更是对中华第一高瀑——百丈漈的奇观略有耳闻。

陌生在于自己忽略温州的美，忽略了文成的美，长这么大竟然一次都还没有来过文成。对于文成初体验，借用文成旅游口号来形容此次体验感受：诗里梦里刘基故里，山城水城天然文成。

当车辆从文成县城缓缓开向海拔675米天顶湖时，关闭空调，打开车窗，看看窗外的云海、一股股的凉风仿佛富有生命，深深地吸入一口浓度高达3975个/立方厘米的负氧离子，全身上下仿佛每个细胞充满了能力。

来到百丈漈景区，它集湖光山色之大成，融自然人文景观为一体，瀑雄、峰奇、湖秀、潭丽，与瀑布零距离接触，一漈百丈高、二漈百丈深、三漈百丈宽，忘却工作中压力，深深拥抱大自然带给我们的放肆。

出发时间：2015-11-07，8：00

出发地：乐清

到达时间：2015-11-07，10：15

目的地：文成

返程到达时间：2015-11-08，18：15

行程天数：2 天

D1（自驾）：乐清—高速飞云出口—文成县城—56省道—百丈漈下入口—百丈三瀑—百丈二瀑—百丈一瀑—南田镇—刘基故里—天顶湖农庄、斯维登度假公寓

D2（客运）：天顶湖农庄—天顶湖景区—文成县城—文成美丽乡村体验中心—文成旅游客运旅游集散中心—瑞安—乐清

人均开销：500 元

途经体验景点及各大配套服务项目：16 个

百丈漈—飞云湖国家级风景名胜区、百丈漈—飞云湖国家级风景名胜区游客中心、天顶湖景区、刘基故居、武阳书院、天顶湖农庄、斯维登度假公寓、文成美丽乡村体验中心、文成旅游客运旅游集散中心、文成县公安局、文成县公路快速救援快速处理中心、中国人保财险文成支公司、百丈漈景区上口至下口公交、文成市区公交、文成县城南车站、56 省道文成段

旅程标签：摄影　休憩　养生　原生态　自驾

【推荐指数】：★★★★★（五星最高）

【风景指数】：★★★★★

【空气指数】：★★★★★

【线路指数】：★★★★

【交通指数】：★★★★

【消费指数】：★★★★

【住宿指数】：★★★★

旅游体验师最爱酒店推荐：天顶湖农庄——斯维登度假公寓

旅游体验师美食推荐：红烧猪脚、炒文成黄年糕、白落地温蛋

旅游体验师伴手礼推荐：文成猕猴桃、文成香菇、文成贡茶、糯米山药、手工索面

（二）文成旅游优势

“发展旅游定位高、发展旅游项目实、发展旅游特色足”是省委常委、市委书记陈一新在对文成县旅游发展成绩的肯定。“绿色发展、生态富民、后发崛起”的总要求，以“五化战略”为引领，推动旅游业发展，呈现高开高走的发展态势。根据资料显示近三年，文成县旅游综合收入、门票收入年均分别增长 21%、46%，是温州全市增幅最快的县，2014 年旅游业对全县 GDP（国内生产总值）的直接贡献率达到了 46%，成为当之无愧的“一号产业”。先后荣获“长三角最佳自驾游目的地”“最佳生态旅游度假目的地”“浙皖闽赣”四省国家级生态文化旅游示范区等称号。旅游业正加快推进“由随意开发到县规划引领、由资源战略到品牌战略、由景区时代到目的地城市、由特色产业到主导产业”的“四个积极转变”，发展思路不断清晰，发展框架不断扩张。

（三）争创 5A 景区，提升文成旅游之思考

文成旅游业呈高开高走发展形势，面对快速发展的旅游业，各项旅游现状及百丈漈—安福寺旅游区景区创建开展国家级 5A 景区事宜，根据《国家 5A 级旅游景区评定标准》对百丈漈景区旅游体验期间发现旅游现状问题及发展与大家探讨、思考。

1. 旅游交通情况

（1）可进入性：文成县目前无高速出口及山路崎岖，路途时间增长，据了解全省仅有的未通高速两个县（海岛不纳入）文成、泰顺将告别无高速的局面，五年内龙丽温泰高速建成联结全省高速网络，周边及长三角游客将更加方便前来游玩及提高旅游体验度。

县城交通主干道建设工程：56 省道花园至景宁段改建工程、新 56 省道接南田公路工程、56 省道文成县城至瑞安交界段一级公路改建工程等项目，预计年底通车，文成县将改变无一级公路的历史，县城至十大乡镇真正实现半小时交通圈、缩短各大景区交通时间，加快景区与景区更快、更强的联结与发展。

（2）景区停车场：通过百丈漈景区停车场发现景区停车位缺少、无法满足节假日人流车流，私家车停车随意，停车场内方向引导指示标识基本无设置。

2. 游览情况

（1）门票方面：设计制作精美，富有特色及背后附有游览简图，虽有咨询、投诉、紧急救援电话，不足之处是字体大小偏小，中老年人及视力情况不佳的游客如遇突然情况将增加识别时间，给游客造成不便。

（2）游客中心：通过考察百丈漈游客中心及文成县客运旅游集散中心情况，检查发现百丈漈游客中心内部未设置电脑触摸屏、无设置影视介绍系统及无本景区导览宣传资料，咨询服务人员业务水平欠佳；未提供特殊人群服务项目。

文成县客运旅游集散中心未开启电脑触摸屏使用，景区宣传资料架资料杂乱堆放，工作人员工作时间随意吃零食及观看电脑视频且业务水平需提高，需加快推进集电脑查询系统、影视厅、休息厅、售票厅、咨询和投诉接待处、导游联系处、邮政和纪念品服务、导览和游览信息服务、医务室、提供多语种语音导游服务等多功能于一体的游客服务中心建设。

（3）引导标识：景区内基础设施及引导标识甚少，游客往往不知道自己去往下一个景点需要多少时间、景区介绍牌、标识牌虽有到数量少未完全设置，景与人的互动缺少，进一步规范完善引导标识系统；统一设计印刷出版各种形式的景区宣教资料。

（4）导游服务：体验期间未发现游客使用设便携式可选择播放语音导游及游客中心也尚未发现语音导游设备宣传，提高导游讲解服务的多样性选择和水平。

3. 旅游安全情况

（1）通过游览百丈漈景区，专职安全保护人员仅见到 1~2 个却不在安全隐患地方分布待命，玩手机抽烟现象突出。

（2）对于景区安全设备，瀑布观赏点及危险点安全防护措施未做齐全和有效，仅仅通过地上的黄线警示游客危险，需设置安全警告标志、标识齐全，防止出现高峰期人多、小孩调皮出现突然事故酿成意外事件。

（3）景区监控：针对百丈漈景区，通过体验发现景区监控未达到全景区全覆盖，仅仅设置于百丈上入口至百丈三瀑间的监控，未全方位监控景区情况。需要完善景区监控系统建设。

4. 卫生情况

（1）游览百丈漈景区，景区内仅仅看到一个工作人员清理在百丈二瀑游客遗留的一次性雨衣，其余地方均未看到工作人员清理卫生保洁，景区内垃圾箱整体与景区文化对应，需加强垃圾箱外观设计及垃圾箱设置分类垃圾箱设置。

（2）景区内未设置吸烟区划分管理，需合理划分吸烟区与非吸烟区。

（3）厕所需改造及增加，检查发现景区厕所内无灯光照明，室内地面潮湿且未有专人管理。

5. 邮政服务

景区内有未拥有邮政纪念服务、电信服务，未看到公用电话，景区内绝大部分区域均能接收到各通信运营商的通信信号。

6. 旅游购物

景区购物场所条件简陋，主要以饮料、矿泉水、零食为主，未开发具有百丈漈景区特色产品。

7. 综合管理

（1）全县各行业旅游工作人员需强化个人综合能力及业务水平，定期业务培训，做到游客在不同途径咨询该县旅游问题可以有问有答，检查时发现游客中心、餐饮、住宿服务人员对于旅游问题均需查询或询问他人情况突出。

（2）互联网、电视、报刊、手机宣传景区需加强，景区需及时宣传文成旅游App,通过App游览文成景区及住宿、餐饮查看选择；开展电子商务，建立完善景区电子网络系统，实现与骨干网连接，要求多语种，内容全面，并通过技术手段实现数字虚拟游览，接受网络预订门船票、住宿、商品、娱乐、餐饮等服务。

（四）文成旅游业存在的问题与不足

（1）旅游产品需进一步完善，目前以观光型为主，旅游景观、地产、乡村旅游、休闲度假、养生等产品处于起步阶段，资源整合和旅游产品体系需完善。旅游开发中缺乏深度挖掘内涵、低层次重复多，自然产品开发不够深化，没有体现文化价值、遗产价值、科学价值、生态价值等深层价值；文化旅游产品缺乏可参与性、可观赏性、可体验性。缺乏对资源和产品的有机整合，景区联结线路不通畅，尚未形成合理的产品体系和“资源互补，联合运作”的空间格局。

（2）旅游综合服务体系尚未建立，需整合各个旅游服务行业，形成合理的“吃、住、行、游、购、娱”构成的旅游综合服务体，其中尤为突出的是由于文成县域内多为山区，交通体系的通达性、便捷性、舒适性等不足；旅游购物、旅游娱乐等拉动消费的休闲型旅游产业开发不足，旅游产业链短促。旅游公共服务体系尚未健全，缺乏必要的旅游咨询服务中心以及旅游信息系统、旅游厕所、公共电话等公共服务设施。

（五）结束语

两天的旅游体验对我来说想要了解全方位的文成远远不够，文成是一个来了便不想离开的地方，世外桃源、净土文成，养生、养心的福地，相信全县上下以百丈漈－飞云湖国家级风景名胜区创5A景区为契机，结合“文成、文忠、文佛”的人文底蕴及传统文化“儒释道”文化，“群策群力创5A，同兴同德兴旅游”不断提升文成旅游软实力与硬实力，利用互联网及学习国内著名旅游景区新型旅游营销宣传文成“中国长寿之乡”，加强游客在文成旅游体验度及游线开发贯穿性、互动性。

以上文字结合查阅相关资料信息结合本人旅游体验，仅为个人意见，若有不当之处，敬请指正。

花岩国家森林公园旅游体验报告

周建海

花岩国家森林公园是国家4A景区——寨寮溪风景名胜区的两大主打景区之一，本人2015年11月8日游花岩，体验反馈如下。

花岩国家森林公园，温州五个国家森林公园之一，景色虽然略逊其他四个国家森林公园，但还是一个很舒服的景区，特色一是银瀑碧潭，连珠九潭九瀑+天外飞瀑，特色二是空气好，森林覆盖率极高、自然环境极佳，空气负离子浓度爆表，达到治病级别（1万个/立方厘米以上），景区门口有空气监测显示屏显示当天负离子为1.2万个/立方厘米；而且九个潭差不多就是九个休息点，间隔合理，环线走起来就不累，终点天外飞瀑的介绍牌上标着“只有坚持到底的人才会欣赏到最美的风景”，赞！到达终点的人都会因这句话而很有成就感，尤其是小孩。

（一）交通方面

（1）飞云下高速走330省道，在往下社岭方向的无名路口右转去花岩稍近，导航能提示，但导航有时会慢半拍，我在导航提示50米后右转的时候，迟疑一下就稍过路口了，这时才能发现路口有花岩的指示牌，倒车一米后完成右转。建议指示牌还要提前加设，还可以在330省道边设置花岩摄影照片展示吸引游客进入。

（2）景区停车便利宽敞，停车费5元，浙江省地税通用定额发票，盖“瑞安市红双林场”章。

（3）无旅游专线，330省道到景区未发现巴士、公交及其他辅助交通，到达景区必须自驾或跟团。建设高楼到花岩的骑行绿道，增设瑞安公共自行车点，应该不难做到。

（二）旅游配套设施方面

（1）游客中心和医务室是应付检查和创建的摆设，门锁着。无导游

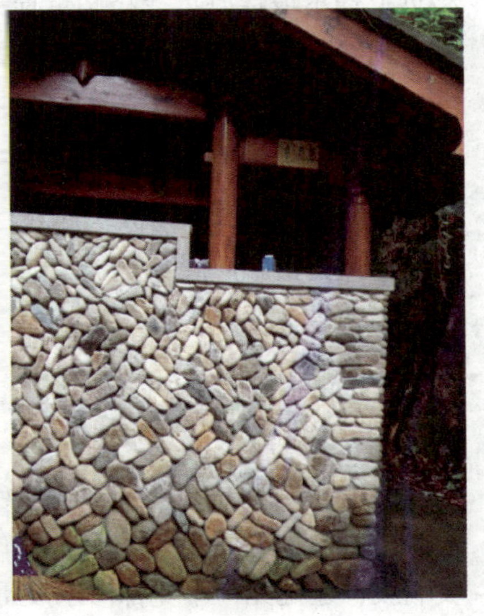

服务。

（2）九潭到天外飞瀑这一段路没有手机信号覆盖。

（3）九潭到天外飞瀑这一段路要跨3次溪，没做好丁步，不方便跨越，我同伴自己动手摆石块。

（4）卫生间干净，但男女厕位1∶1设置，在游客多时就会出现女厕排队，男厕标志位置较高，光线较暗，我开始没发现，我是进了厕所才确认是男厕。石阶上落叶每天能清扫一次，雨天能减少游客滑倒，值得称赞。管护站休息廊的垃圾桶有恶臭味。

（5）景区停车场有餐饮店，管护站有小规模餐饮。来花岩的游客基本都是半日游完就走人，必须利用得天独厚的“氧吧”和避暑优势，做大做强乡村旅游、生态旅游、健康养生旅游，打造如迷途武阳之类的高品质或特色民宿及星级农家乐，“拖住”游客来去匆匆的脚步，增加景区和当地居民的收入。

（三）游览服务方面

（1）出示体验师证件，工作人员说没接到免票通知；能用“温州智慧旅游”订购的一元票真爽，工作人员输入15位数校验码入园。建议游客出示身份证，刷身份证能快捷验证。工作人员较散漫，服务态度一般，游览结束时售票处的2名工作人员一起在售票窗口外面看手机电影，窗口内无人。

（2）景区检票口有“温州智慧旅游”的匾牌，问工作人员智慧旅游有什么功能，工作人员说你在“温州智慧旅游”买票就是智慧旅游。检票口有免费 Wi-Fi，但可惜仅限于此处，再进去就没有 Wi-Fi 了；智慧旅游功能还可以拓展，如在景点介绍牌上可以考虑加上二维码，游客用微信扫码可获得该景点更丰富的图文及视频资料；可以开通花岩旅游微信公众号，让游客通过微信公众号了解花岩旅游资讯、欣赏花岩美文美图，得到游玩推荐，获取旅游优惠预订、线路指引等服务，并接受游客对花岩旅游发展的建议和意见。

（3）景区居然不提供花岩介绍彩页，电子票游客又不提供门票，线路只能看景区指示牌。建议这一张纸的成本还是别省了，应在门票背面和彩页上提示最佳游览线路和全程耗时（约3小时），顺九龙溪左边上山，一直到终点天外飞瀑，原路返回，过九龙潭路口数十米就能跨溪从溪的另一边返回。景区设置让游客基本不走回头路，值得称赞，但最后一段回头路——“杉林幽径”标着“此路不通”，又应该是舍不得花钱投资。

（4）很多较好的观景、摄影点被杂枝阻挡，建议适当剪除，并在这些点设立经典摄影照展示。

（5）未到深秋，叶子不够绚丽，花几乎没看见，花岩无花就名不副实了，希望能引入其他花种和树种，让景区更美艳。

（6）其他标识问题：

①作为温州市科普基地，有各种动物、植物和森林公园科普介绍，确实不错，但展示牌是喷绘写真粘在有机玻璃上的，密封性不够，即使打了玻璃胶，还是无一幸免都渗水发霉，很不美观。

②“丁步”是用条石丁砌而成的步道，但丁步的名称比较混乱，有“矴步”“碇步”“汀步”等名称，景区导览图中标的是“汀步”。字典中汀的意思是水边平地、小洲，而且汀的读音是“听”，我觉得还是用“丁步”最贴切、规范。

③下图标识“寺院”，建议标确切名称“花岩寺”。

④潭的名称有的标数字，有的标名称，建议统一规范为某某潭（编号），如溅玉潭（八潭），潭太多了，数字确实好记，又容易定位大致位置。

⑤下图九潭是往右下方向走，标识容易引起误导。有的方向指示柱立的方向要再调整下角度才更准确。

⑥标识牌损坏两处。

⑦多处观瀑观潭点很滑，提醒标志和防护设施欠缺；建议游客要穿防滑鞋和带登山杖以防滑倒。

鉴于参观时间有限，了解不够深入，建议可能有不成熟之处，谨盼对景区的提升工作有所帮助。

九珠潭、东源木活字印刷文化村旅游体验报告

张泓毅

（一）九珠潭

1. 游记

乙未仲春，密云氤氲如盖，余随诸达人同游九珠潭，以“体验”之名以记之。

九珠潭在瑞安高楼杭山一隅，以潭多水碧而闻名。步入景区，喧嚣尘劳皆被青山屏蔽身后。前行数百步，山口瀑流如雪似练，奔流而下。左岸曲水流觞，碧波叠翠，宛然如画。

峡谷多石少土，峭壁杂树，裂石而出，傲然而立，蔚为大观。或有千年神龟，侧卧溪涧，低吟浅唱，怡然自得。又传神龟因王母获罪，被贬下凡，贪恋此山，潜而修道，终成正果。而今神龟穿越时空，昼夜卧溪，化岩示痴，是神龟之不幸？抑或人之所幸矣？

众拾级而上，有茂林修竹环伺，有潺潺涧溪耳语。四顾则山花烂漫，众芳摇落；临池则潭如碧珠，嫣然如拭。跨浮桥，过深涧，仰绝壁，瞰碧潭。时清风徐来，瀑歌盈耳，则心旷而神怡也。

蓦然回首，方觉杭山峡谷已过，铁拐“仙仗”犹存。或有诗云：两岸青山相对开，九珠碧潭次第来；思凡仙子依涧卧，轻舞云裳共徘徊。

神龟湖状如天池，水波不兴，静影沉璧。绕湖而行，足下落英缤纷，四周林木交错，枝头青鸟啁啾，恰如仙阁瑶池，又似梦里水乡。

独行古道，空灵通幽，荒蛮而可爱。移步换景，野趣横生，浑然而天成。时有物我两忘，忧思怀古之情；有不知有汉，无论魏晋之感。方知山水本有情，四季常留韵。又道是，痴心问花花不语，唯有珠潭相和鸣。

有山，有水，有潭，有涧，有大自然鬼斧神工之景观，有神龟与铁拐仙仗千年之传说，九珠潭无疑是个好地方了。

2. 观感

景区硬件配套尚待完善，如停车、餐饮、道路等如能统一规划更好。

景区留客时间太短，景点相对单调、单一，往返不足两个小时，建议把神龟湖里面的古道开发出来，配以亭台楼阁，便于歇脚观景，又可寄情山水，大有文章可做。

（二）东源木活字印刷文化村

1. 游记

中国木活字印刷文化村展示馆（以下简称展示馆）隐伏于群山之中的民居里，在蒙蒙微雨中与现代建筑显得格格不入而落落寡合。这座明清四合院建筑，属于典型的江南回檐砖瓦建筑，古香，古色，古朴。

导游带着大家按顺序参观着木活字印刷的历史流变——从甲骨文到竹简，从帛书到蔡伦的造纸术，从宋元雕版的发展到明清的普及，以及现代印刷业的兴起到手工印刷的没落，一幅幅画面，一件件文物，似乎正在诉说着活字印刷在文明传承中的沧桑与幽叹。

展示馆除了蔡伦外，还有毕昇和王祯对于印刷术的贡献，展示馆有两台老旧的印刷机器和与之相关的实物以及瑞安木活字印刷技术的传承史，皆静静地沉睡在玻璃框内，它们所传达的信息不仅仅是文物价值和非遗的认定，而且还有我们逐渐消失的文化基因与民族精魂。

2. 观感

文化村的整体规划略显凌乱，一个展览馆无法承载木活字印刷史的全貌，观者只能走马观花、蜻蜓点水，“到此一游”而已。建议把整个村落纳入文化村的规划，从村貌建设到与印刷术的流程配套，除了导游、文图、事物的介绍，游客的参与和体验更能增加文化内涵和商业附加值。

（三）总结

以下是一家之言，一孔之见。

旅游业的竞争本质上是文化的竞争。人生就是一场灵与肉的生命之旅，在旅行的过程中，旅客不仅仅是寄情山水，而是人与自然的互相体认、理解与对话，更应是人在面对自然时的自我观照、自我觉知、自我升华之旅。

温州旅游业要全面蓬勃发展，必须走政府主导、市场运作、全民参与的产业链发展，才能协调好多方利益矛盾，才能实现投资者、经营者、游客、当地居民之间的利益多赢局面，才能解决温州旅游业目前旅游体系不健全（如规划滞后、经费投入不足、宣传力度不够、各市县景点各自为政等），才能解决基础设施建设（如通信、保险、金融、饮食、住宿、导游、娱乐、购物等）方面的配套服务，才能带动民俗、文化遗产、工艺品、纪念品、土特产品的开发等。

只有相关政府部门从战略出发，用大气魄，大格局，大手笔，学习和借鉴国内外成熟和成功的模式和经验，才能实现温州旅游业产业化、规模化、集团化的可持续发展。

在互联网、物联网时代，线上线下以及自媒体等多渠道、多平台推广，也是打造旅游品牌的一个途径。

八、媒体报道

作为国内第一支高标准、专业化的体验师队伍，温州市旅游体验师团队很受媒体关注，在市民眼里，旅游体验师是个好玩有趣又陌生的职业，来听听媒体的报道吧。

笔尖下的温州，原来可以这么美

温州日报　孙余丹

（2015年11月19日）

如果说摄影是一门艺术，绘画则是更为灵动的艺术。近日，温州旅游体验师公众号上陆续刊发的温州景点钢笔画系列，引起了不少市民的关注，创作者正是温州旅游体验师蒋忠军。今年来，他已经创作了30多幅作品，每一幅都向众人展示出了独属于温州的美丽风情。

一幅朔门街景图　品老温州市井生活

午后的阳光刚刚好，洒在朔门老街上，从屋檐到石板砖，处处流露出“偷得浮生半日闲”的味道。作为土生土长的温州人，在蒋忠军的心中，一直有着朔门街“情结”，他觉得，朔门街有小丽江的影子。半个多月前，他拿起画笔和绘本，趁着中午时光，来到朔门街。一番观察之后，他拿起钢笔在绘本上勾勒出朔门街景的大致轮廓——窄窄的古街道，白墙青瓦，空中交错的老电线，偶尔有三三两两的市民走过……在周围繁华的高楼大厦

朔门街

永昌堡

永嘉林坑

中，蒋忠军笔下的朔门街自成一格，颇有些老温州的感觉。

经过两晚的仔细描摹，朔门街一图出炉了。蒋忠军把图片发到了朋友圈里，获得不少的“赞”。有外地的朋友就在蒋忠军的微信里留言，下次一定要到温州的朔门街走一走。

半年画了 30 多幅　他计划两年画遍温州

“温州处处是景，用钢笔作画，希望把美景更好地留下来。”过去几十年，蒋忠军走遍了温州的大小景区，在他眼里，家乡的美是无可比拟的。以前，他喜欢用镜头记录下美景，可是，他发现当人人都成了“摄影师”，绘画却更能引起人们的兴趣。

今年 4 月，他到泰顺廊桥时，突发奇想，用手中的钢笔画一画。凭借小时候不错的素描功底，蒋忠军花了一个晚上，用写实的手法描绘出泗溪姐妹桥和桥底波光粼粼的湖面、周边郁郁葱葱的植被等。创作好的钢笔画上传到微信时，蒋忠军发现，大家除了点赞，更多的人都会询问这是哪里？不少人表示要来泰顺廊桥看一看。

这给蒋忠军带来了很大的鼓舞。于是，他的微信朋友圈里，开始隔三差五就会传上一幅画作，江心屿、永嘉书院、永嘉林坑、洞头小朴渔村……越来越多的温州美景入画而来。

近半年，他几乎已经攒了30多幅画作，他希望，用两年的时间，再走一遍温州的景区，每到一处都用手中的钢笔画下来，制作成温州景区钢笔画系列。

他希望借画“吆喝” 为温州旅游引来游客

蒋忠军坦言，自己并不是专业学美术的，只是小时候有过一些绘画训练。促使自己再次提起画笔的原因是，希望通过自己的画笔，让更多的人看到温州的美丽，从而吸引一批人来到温州旅游。尽管一个人的力量有限，但在他看来，这也是在为发展温州出一份力。

现在，蒋忠军的朋友圈里有了一小群“粉丝”，他们中有的是温州人，也有的是外地的朋友。每次蒋忠军在朋友圈里传上画作，他们就会到实地去游玩一番。不久前，因为看到蒋忠军画的大罗山系列，来自丽水的一群游客就专门赶到大罗山游玩了一番。

现在，温州旅游体验师公众号上也在陆续刊登蒋忠军的钢笔画系列。他计划，把温州所有3A级以上景区都画一遍，然后制作成画册，同时在每个景点页面附上游玩攻略，借此来推广温州旅游。

古道行　遇见更好的自己

温州日报　冉梦蝶
（2015 年 11 月 10 日）

一场秋雨一场寒，在某个秋日，漫步在温州大大小小的古道上，入眼的是红的枫、绿的竹、黄的银杏，还有慢坡的梯田层叠起伏，正是一年中最为浓墨重彩的时节。

此次记者采访了资深驴友金晓飞，介绍她的古道情缘，并推介 6 条在驴友群中有口皆碑、富有特色的温州古道，以飨读者。还等什么，再不出门看看，秋色就要走了！

“周末天气放晴了，正是去走古道的好时候，一年最好的风景都在路上了。”说起古道，金晓飞总有说不完的话，哪条道上的枫叶红得漂亮，哪里的竹林幽静富有诗意，哪里的古树参天，造化鬼斧神工……她都如数家珍。行走温州十余年，她对古道有着特殊的情愫，行走中，不仅有美景相伴，还有一路的成长与温情。

从菜鸟到行家，12 年行走不辍

金晓飞就职于温州市疾控中心，现任温州摄影家协会理事，2013 年被市旅游局聘任为首批旅游体验师。她与旅行结缘要追溯到 12 年前的一次户外穿越。“那个时候温州有个鸵鸟户外俱乐部，一批驴友带着我出发，那是第一次体验户外。”在金晓飞的记忆中，那次穿越是从永嘉乌牛出发，途经仁溪，最终到达中雁荡山，历时两天一夜。在这个过程中，白天饿了就啃点干粮，晚上到自然村里找粮食、借大锅，夜里队员们搭起帐篷露营。

此后，金晓飞的户外之旅，一发不可收。“水涨船高”，她的经验也逐渐增多。2007年，作为领队的她带着一批小伙伴从青田出发，翻越金鸡山，到达湖岭，“看到那些年轻人登山的样子，感觉也像是看到了最初的自己。”

每次活动结束，金晓飞都会在温州冬泳论坛上发表游记和图片——图片取材于她走过的每一条古道、每一个村落、每一座山峰，并用文字一一讲述旅途中的所见所闻。感性的抒情加上深刻的反思，让她的游记散发出独特的魅力。在她看来，沿着古道蜿蜒而行，一路上峰峦叠翠，水声、鸟鸣不绝于耳。呼吸到的是满满的负离子空气，让人神清气爽。

如今户外活动越来越热门，温州古道也重焕光彩。“最明显的感受，就是身体得到了锻炼，现在我拎着单反，背着背包，一天走上六七个小时也完全没有问题。”她说。

从牵手到背影，一路见证女儿成长

2002年，金晓飞的女儿小诗闽出生了。小公主的到来让她的旅行少了很多选择，“没法去太远的地方，雪山、西藏都去不了，危险的地方也去的少了，要有更多时间陪伴女儿。”在排除了诸多选择之后，古道成为了此后金晓飞户外旅行的首选，她利用节假日或空闲时间见缝插针地走一走古道，捕捉更多沿途的风景。

小诗闽4岁半那年，金晓飞带着她走了一次文成大会岭古道，走完全程，发现女儿不仅没哭闹，还乐在其中。从此，金晓飞便放心地带着女儿上路了。“温州古道走了十几条左右，都是走完全程的。诗闽最长走过整整7个小时，那一次是在遂昌和衢州交界的桃源尖十里花海。”金晓飞的镜头中，记录着她和女儿每一次古道穿越。从最开始四五岁牵着妈妈的手，困了被同行的驴友抱在怀里睡得香甜，到后来自己也能用单反拍出美丽的风景，用笔记录旅行体验，小诗闽成长得很快。

“能走这么远，也要感谢照顾我们的驴友们。”金晓飞出于安全考虑，很少和女儿单独出行，一般会和同好组队。“行走途中，大家互相照顾。饿了，驴友们搭起炉头，煮上面条、鱼圆、年糕，配上蔬菜，也是丰盛的一餐。”金晓飞在行走前会准备好食物和水，观察交通路线，沿途有哪些自然村，首尾点有没有小卖店或补给点，她都摸得一清二楚。

“现在走古道安全便捷多了，尤其大罗山这些热门古道，指路标志都很齐全。”2012年温州难得下了一场雪，金晓飞带着女儿前往大罗山龙脊古道看雪景，别有一番风味。那一次，诗闽蹦蹦跳跳地走在了前面，金晓飞记录了女儿行走的背影。“我带着孩子走，除了身体锻炼外，更希望她能得到毅力、精神方面的锻炼，以自然为师，学到那些书本里不会接触到的东西，开阔视野，陶冶情操。”

如今，小诗闽已经初二了，学业负担逐渐加重，除了寒暑假也少有空闲。

从牵手到背影，金晓飞的镜头里记录了小诗闽的成长，也记录了每一次温馨的亲子时光。一路前行，收获更好的自己。

“十一”长假去温州哪儿玩？听听旅游体验师们的推荐

温州日报

（2015 年 9 月 15 日）

推荐人：旅游体验师高哲

推荐路线：文泰自驾游

推荐理由：一路赏美景

自驾沿甬台温高速从飞云出口下，赴以明朝开国元勋刘基谥号命名的文成县，游览百丈漈景区、月老山、猴王谷后，宿铜铃山。然后沿新 56 省道往景宁方向，到泰顺岭北社区，赏秋季梯田美景，采摘猕猴桃，体验畲族古村风情。

推荐人：旅游体验师谢绮频

推荐路线：永嘉—瑞安—洞头

推荐理由：行程中有徒步游，还可以睡帐篷，适合户外爱好者

在永嘉林坑村的后山起点，沿着大山上的电线杆方向，翻越一座座山岭，最终走到碧油坑村，品味这个淹没在山中的古村风情。赏完古村后，可以自驾到瑞安铜盘岛，搭起帐篷，夜里抬头就可以看星星，白天可以出海捕鱼。回程时，可以再去洞头小朴渔村走一走，感受这座上了年岁的渔村散发着的盎然春意。

推荐人：旅游体验师金晓飞

推荐路线：平阳—苍南

推荐理由：避开人潮，发呆放空

在平阳青街有毛竹、老屋，这里可以避开拥挤的人潮，享受畲族风情。结束平阳之旅后，可以自驾前往苍南石砰，吃海鲜大餐，看山中美景，还能去海边玩耍，适合亲子出游。

推荐人：旅游体验师蒋忠军

推荐路线：市区游

推荐理由：实惠又好玩

建议可以在茶山温州乐园游玩半天，然后到仙岩感受朱自清笔下的“绿”。仙岩景区山峦起伏，怪石嶙峋，碧潭飞瀑，古刹钟声，为古时道教圣地。那里有碧波荡漾的梅雨潭，还有从几十米高的断崖上奔泻而下的龙须瀑，蔚为壮观。游玩好仙岩后，从景区旁上山公路上大罗山，俯瞰温州美景，来一场洗肺养生之旅。爬完大罗山后，还可以品尝地道的农家乐。

推荐人：旅游体验师潘忠孝

推荐路线：永嘉北坑、南崖自驾游

推荐理由：游山玩水看历史、交通便利门票免

自驾沿诸永高速枫林出口下，之后经枫林中学、孤山乡到“五六月间收暑气，二三更天听龙吟”的北坑景区(免门票)，沿路景点有骆驼峰、张飞山、北坑龙宫、龙潭、三折瀑潭、七折飞瀑、摩天崖等。晚上住岩头镇上，饭后可选择性闲庭信步于丽水街(要门票)。第二天驱车经41省道、41省道南复线、下园村到“芙蓉三冠”南崖景区(免门票)，沿路景点有芙蓉古村、紫云洞、崇固洞、南崖寨。需要爬山，适当准备登山衣物。

温州首个体验师“观察团”抢鲜体验旅游社区

温州日报　笑　银

（2016 年 3 月 15 日）

日前，来自我市各行业的 20 多名旅游“达人”，组成首个旅游体验师“观察团”，赴市区大罗山盘云谷文化创意村，实地考察体验我市首批认证的旅游社区。

旅游体验师一行走进了大罗山盘垟村，盘云居、水和居、遇见、寨水一方、乐陶社……目前，盘云谷文化创意村已有 20 多幢民房装修一新并开门迎客，原本村里的 57 幢农房，正逐步修复和改造提升，打造成集民宿、乡村客栈、亲子乐园、民间收藏馆、创意农业观光园等项目和多功能服务为一体的“旅游社区”。

“乐陶社”是一处童创空间，有供亲子互动的版画、陶土、木工工艺创作室。旅游体验师们手拿相机，边走边拍。随后，一行人来到京山村的青灯山舍，原本几十间民居已修复成庭院民宿，11 家民宿已有 3 家对外营业。

旅游体验师在现场进行主题交流会。教育界人士李泓毅建议，在大罗

山开拓慢游、主题游，如登山游、奇石游、写生游、采摘游等，在江心屿开放“夜游”，打造温州“鼓浪屿”；瑞安的吴小准说，旅游社区在整体规划上应尽量按照古村落的本来面目来打造；曾做过多年导游的高哲认为，应增加更多体验、互动项目；体验师王剑挺提出，盘云谷可尝试“生态旅游社区”来打造……

据了解，今年初温州市在全国率先提出打造旅游社区，并首批认证了4家。除盘云谷外，还有“刘基文化”武阳村旅游社区、“千年纸山民俗”泽雅纸山文化旅游社区、“红色资源和渔村文化”的海霞红色旅游社区。

“旅游社区是从社区的角度完善旅游目的地的建设，是旅游产业集聚的全新载体和模式。这次我市旅游部门率体验师来实地体验，就是要让他们共同参与旅游社区的建设，给旅游产品、配套设施、文化品位给出评测和建议。”市旅游局局长张纯洁表示，旅游体验师和旅游社区都是温州旅游在全国率先推出的新事物。目前，全市已有36名旅游体验师，他们是国内目前唯一一支高标准专业化体验师（员）队伍，要充分发挥体验师的功能和作用，进一完善相关机制，发动更多的旅游达人为我市旅游事业出谋划策。

这样的美差，你心动吗

温州日报　孙余丹

（2015年9月15日）

每天到处玩，免费住酒店，免费游景区，免费享美食，最重要的是，还能拿到奖金，这样的美差，你羡慕吗？日前，文成县发布了一则《万元招聘文成旅游体验师》的消息，面向全国招募10名旅游体验师，不仅可以享受三天两夜的免费文成游，每人还能领到一万元的现金大奖，这可让旅游达人们心动不已。

旅游体验师，看起来就是个好玩又有趣的职业。事实上，文成并不是第一个“吃螃蟹”的人。2013年12月，温州市旅游局出台了《关于试行旅游体验师（员）制度的实施意见》，标志着温州市官方部门率先在全国建立起一支高标准专业化体验师（员）队伍。

“通过试行旅游体验师（员）制度，一方面是为了维护旅游者和旅游经营者权益，另外充分发挥体验师对旅游产业的检验完善作用，促使我市旅游目的地和产品线路的转型升级，推动旅游行业服务品质提升。”市旅游局相关工作人员说。

如何在众多的旅游爱好者中挑出合适的体验师呢？据介绍，旅游体验师首先要热爱旅游事业，熟悉温州各地的旅游情况，能够对温州各地旅游线路产品、旅游配套设施建设做出客观性的综合评价。同时，体验师还要熟悉网络技术，掌握微博、微信与视频等移动互联网传播的基本知识与技能。

根据规定，获得由温州市旅游局颁发的“旅游体验师”和“旅游体验员”证书后，可随时随地在全市范围内开展免费旅游体验活动。有这么好的福利，那么体验师需要做些什么呢？旅游体验师（员）要以实地察看、现场调查等方式对旅游产品线路的可游性、安全性、舒适度等进行体验，形成评估意见和整改建议。充分利用微博、微信等互动媒体平台，将其在旅途中的关于交通、住宿、美食、风景、见闻等各个环节的体验进行播报，通过文字、照片和视频等形式与网友在线共享，并最终对该条旅行线路给出综合体验评价。

作为第一批旅游体验师，金晓飞还特约参与《温州自助游》一书编辑。她说，成为旅游体验师后，自己有更多的时间游温州，几乎把温州各个景点都走遍了。“有时候，看到游客拿着我写的旅游攻略来到温州游玩，心里总是有满满的成就感。”三年来，金晓飞和所有旅游体验师一起，不遗余力地把温州美景介绍给外地朋友。

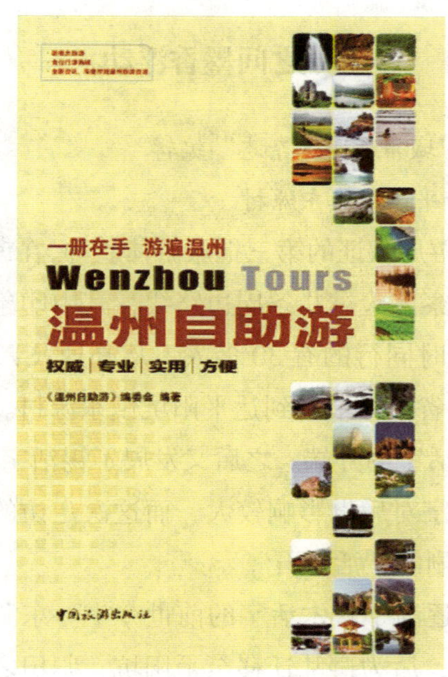

旅游体验师　体验不一样的温州美食美景豪宅之旅

温州日报
（2015年9月23日）

如今在很多年轻人心目中，旅游体验师正成为炙手可热的“美差”。在温州市也不乏这样的旅游体验者，他们走遍温州各地，免费赏美景、住“豪宅”、享美食，拍美图、写好反馈记录……

方寸之间墨香浮动

何哲：温州“SO+城市百事通杂志”编辑

体验线路：瑞安市平阳坑镇东源村

何哲是温州市旅游局认证的第三批旅游体验师，在市旅游局的安排下，与同批体验师先后考察体验过几条周边路线，其中印象最深的当属东源村活字印刷之旅。“当时同行的有30多人，从高速飞云出口下，先进入新556省道，再转老56省道，最后到达平阳坑镇东源村。”何哲介绍，北宋毕昇发明泥活字，是活字的开端。之后又发展了锡活字、木活字、铜活字、铅活字等。其中木活字对后世影响较大，而这次走访的瑞安东源村，就是中国现存的木活字印刷的“活化石”。

通过讲解，何哲逐渐了解木活字的前世今生。东源村活字印刷的先人早前出身于书香门第，后为避乱迁移至平阳坑，归田之余便从事起刻字印

王超辉在创作中（何哲摄）

刷的行当。目前，瑞安有近百人专门从事活字印刷，但掌握书法、雕版、口诀、装订等全套程序的传承人却寥寥无几。

王超辉就是其中一位——东源村木活字印刷自元朝初年王法懋至当代王超辉，已传承了14代。共800多年的历史木活字技艺，与毕昇泥活字印刷区别在于刻字的材料：据历史记载，毕昇也曾试验用木活字印刷，由于木料纹理疏密不匀，刻制困难，木活字沾水后变形，以及和药剂粘在一起不容易分开等原因没有采用。而东源的木活字采用上好的棠梨木，经雨淋日晒自然干燥后制作字模，用更为完善的工艺再现了中国古代活字印刷的传统。

而在接下来的体验中，何哲深入感受宗谱基本制作工序和独特的捡字技巧。“当棠梨木的字模在王老师精瘦苍劲的手中活灵活现、熠熠生辉时，大家都惊讶不已，同时也庆幸这门古老的技术能延传至今。”

此次体验之后，何哲在杂志等平台上发布了反馈，“我们走的是既定路线，但体验师们来自各行各业，有自己独特的视角和感受，用新角度来审视固有路线，能发现更多的美。”

（后文篇幅较长，略）

附　录

试论旅游体验师制度的建立

张纯洁

一、什么是旅游体验师

对事物的体验是人类社会最基本的活动，也是人们认知世界和改造世界的前提条件和重要依据。体验是人通过自己的亲身经历来验证事实，并对其产生感悟与看法，对未来有所预感。旅游是社会生活的重要组成部分，人们对旅游休闲活动的体验与日俱增，成为旅游学科亟待研究的课题。本文所阐述的是旅游体验师及其相关制度的建立。

旅游体验师相比于普通人对旅游休闲的体验，更加专业，更具目的性。是指具备一定旅游专业知识，在亲身体验旅游休闲过程中通过自己的体会和专业考察，对具体旅游产品线路进行评价并提出改进意见的工作者。可以从三方面来理解旅游体验师的含义。

（1）旅游体验师是一种专业性的体验活动。在当今旅游休闲产业链中，旅游产品线路作为主要旅游吸引物，是整个旅游休闲业最基本的要素和旅游市场最重要的消费领域。旅游体验师的任务，就是对即将投放市场或已经投入市场但需要提高的旅游产品线路、目的地进行检验，确保安全和高品质，维护消费者的合法权益。因此，旅游体验师的工作是在相对比较专业的领域内进行，具有专业性的特点。

专业体验目标：

A 级旅游景区

风景名胜区
旅游度假区
文化旅游区
地质公园
湿地公园
主题旅游社区
几日游系列旅游线路
自助游线路
绿道旅游线路
其他旅游休闲目的地和吸引物

（2）带有检查和勘查的工作行为。旅游体验师要在体验旅游休闲的过程中，利用现代科技知识和旅游专业知识以及自己工作和生活中积累的经验，以实地察看、现场调查等方式对旅游产品线路的可游性、安全性、舒适度等进行勘验、检查、访问、试验，寻找、发现有关的证据材料和信息，经过科技鉴定或综合分析判断，为业主和主管部门提出评估意见和整改建议。这个体验过程是一种工作行为，区别于游客的旅游休闲活动。

（3）承担建设性的工作任务。这里的建设性意为积极促进事物发展的性质。旅游体验师就是要在体验后对所体验的目标提出下一步完善提高的建设性意见，这是旅游体验师这一新兴职业所要承担的职责。

建设性意见：

游线的合理设计和调整
配套服务设施的完善要求
游客咨询体系的建立与完善意见
提高交通条件与运输服务质量的建议
安全设施的可靠性和保障措施建议
开展个性化服务的建设性意见

其他相关方面的建议意见

二、建立旅游体验师制度是时代的呼唤

提出建立旅游体验师制度建议，并非心血来潮，而是实践给我们的启示和对于未来旅游休闲产业发展的前瞻性思考。我国作为旅游目的地国家，2011 年接待中外游客总数达 27.76 亿人次，如此巨量的接待压力，需要有保质保量的产品作保障。与此同时，各地各类旅游吸引物层出不穷，参差不齐，其中不乏低劣景区或不科学不完善的产品，在具体工作实践中造成了诸多矛盾和问题，致使消费者权益得不到保障，也给旅游休闲业的健康发展设置了障碍。因此，通过旅游体验师队伍建立，让投放市场的旅游景区或旅游产品线路，经过比较专业的体验师先行检验把关，使发现的问题及时整改，这样可以保证旅游质量和提高服务品质。我们应该从四方面去把握旅游体验师制度建立的时代要求。

（1）提升旅游产业竞争力的需要。未来全球经济发展，休闲产业获利空间很大，但该产业的开放度和竞争性却越来越强。因此，国家之间旅游休闲业竞争趋势加剧，各国都越发重视对旅游休闲产业的培育，以此推动本国经济的复苏与发展。

美国借助强大的经济实力和多元化的文化以及现代化的生活方式，充分奠定了国际性旅游目的地国家的基础，目前已成为世界旅游业最发达的国家之一。德国历史上以工业发展著称，但也没有放弃旅游业的发展，大量开辟高品质的旅游目的地，重视旅游业重大基础设施建设。现在的慕尼黑、莱茵河畔到处是世界各地来的游客。希腊是目前欧盟中经济最不景气的国家之一，可是希腊政府和人民始终把发展旅游业作为重点产业加以呵护。像马尔代夫、新加坡、泰国等国家对旅游业的依赖度就更高了。

中国进入 21 世纪以来，入境游客以每年 10% 左右的速度递增。2012 年入境过夜旅游人数达 5772 万人次，位居世界第三。虽然发展很快，但我们不少旅游城市和旅游目的地，在产品打造和服务品质方面还是比较粗

放的，附加值较低，在国际竞争中处于劣势。这主要是我们在发展过程中更多的是强调速度，忽视了游客本身对旅游产品的体验要求，对游客在吃、住、行、游、购、娱过程中的品质要求关注不够，特别是对投放市场的产品缺少论证和跟踪提升，旅游业发展还处于较低水平。

对于中国这样一个幅员辽阔、资源丰富，旅游景区和目的地众多的国家，确实需要通过建立旅游体验师制度，来保证各地不断出现的旅游休闲产品和项目的质量，靠政府部门机械地审批把关是无济于事的。何况旅游产品线路是要带给人愉悦的东西，没有专业性的人员进行体验，并在此基础上对旅游产品线路进行改进，就无法让广大游客满意。所以说，建立旅游体验师制度是提升旅游产业竞争力的需要。

（2）迎接国民旅游休闲时代到来的需要。2013 年 2 月 18 日，我国《国民旅游休闲纲要（2013—2020 年）》正式发布，提出到 2020 年，职工带薪休假制度基本得到落实，城乡居民旅游休闲消费水平大幅增长，国民休闲质量显著提高，与小康社会相适应的现代国民旅游休闲体系基本形成。纲要的实施，对于旅游业来说是件大事，与广大百姓生活息息相关，对我国经济社会发展将产生深远影响。

纲要重点体现了保障国民旅游休闲时间、提倡绿色旅游休闲理念、鼓励国民旅游休闲消费、丰富国民旅游休闲产品、提升国民旅游休闲品质等方面内容。这些内容给我们一个确切的信号，那就是国民旅游休闲时代的真正到来。特别是纲要涉及的无论是推进国民旅游休闲基础设施建设，还是加强国民旅游休闲产品开发；无论是完善国民旅游休闲公共服务，还是提升国民旅游休闲服务质量，都事关我们投放市场产品的品质与标准，督促旅游管理部门和企业对提供国民旅游休闲的东西必须精益求精、精雕细琢。所以，旅游体验师制度的建立与实施，将在这些方面起到十分重要的作用。

（3）维护消费者权益的需要。旅游消费已经成为人们日常生活中必不可少的一项活动，保护旅游消费者权益就显得更为迫切。但在现实的消费过程中，往往游客到一个地方去旅游，因为质量、服务等问题，使得消费者的权益未能得到真正保护。对一个要把旅游业建设成为国民经济重要战略性支柱产业和人民群众更加满意的现代服务业的国家来说，必须将维护消费者权益放到突出的位置，通过建立旅游体验师制度等多方面的举措，解决旅游休闲产品存在的损害消费者利益的问题，保证旅游者在消费过程中享受到高品质的体验和服务带来的身心愉悦。

（4）促进旅游休闲业规范化标准化建设的需要。我国的旅游标准化建设，需要与时俱进。在良莠不齐的旅游吸引物大量问世的情况下，需要一支体验师队伍来保证它们的质量和品质，更好体现以人为本的发展理念。更重要的是，通过体验师工作，使投放市场的旅游产品符合相关标准，也使得旅游标准化建设能够不断完善，更加切合实际，加快我国旅游休闲业规范化、标准化建设的步伐。

三、旅游体验师队伍建设

旅游体验师制度的建立，关键在人。要把建设一支高素质的旅游体验师队伍，摆到重要的位置。特别是我国还没有建立起旅游体验师队伍，这是崭新的事业，必须认真对待，有序推进。

（1）高标准遴选。旅游体验师的工作不是常人都能胜任的，他（她）要通过自己的专业和特长，对主管部门或业主交托的产品线路进行“批判性”体验，提出负责任有见地的意见，促成产品线路的完善和改进，保证旅游消费者权益。鉴于此，对旅游体验师的职业要求很高，有关部门要制定选人标准，当作特殊人才看待，纳入我国未来专业人才队伍建设的序列，使这一新兴职业健康发展。

（2）专兼职并举。随着“旅游＋休闲”产业规模的不断扩大，一旦实施旅游体验师制度，旅游行业对于体验师的需求会快速增长。从我国旅游资源的多样性和广泛性的国情出发，结合社会发展更趋于公共参与化和公益性的实际，旅游体验师队伍建设要坚持专兼职并举的原则。一方面，要建立一支高标准专业化队伍。旅游院校应设立旅游体验专业，培养这方面的专业人才。旅游部门和大型景区管委会要配备专门的体验师，眼前可以通过专项培训等形式，经过一定的职业认定后，确定一批专业的旅游体验工作者，填补目前旅游系统还没有专职旅游体验师的空白。有条件的地方应试行和鼓励市场主体专门建立专业的体验师机构，经营旅游休闲体验相关的业务。另一方面，要从社会上筛选这方面有潜质的人员，经过培训和认定，作为志愿者或义工承担公益性的旅游体验任务。

（3）常态化管理。旅游体验师队伍的管理，没有先例和经验，但总的要求应该实行常态化管理。各级政府和旅游主管部门是管理主体，相关的人力社保等部门要做好配合管理工作。要建立一套人员管理、任务交办、信息反馈、效果检验、利益报酬等管理机制，逐步建立起完善的常态化管理制度。

四、制度试行与相关保障

旅游体验师制度的建立，是一个探索的过程。我们要把一种旅游体验的行动变成一种制度确定下来，这并不是那么简单。要通过试点摸索经验，依靠理论与实践的结合来完善制度，需要一定的保障措施保证制度的顺利执行。

（1）先试点后普及。要从国家层面，部署旅游体验师制度建立的试点工作。立足我国旅游资源和产业分布现状、旅游休闲业态变化趋势和景区产品分类情况，针对性地制订试点工作方案，从不同的角度和层面有的放矢地推进试点工作，力求在短时间内取得实效与经验，以适应一日千里的旅游休闲业发展的实际需要，尽快形成具有中国特色的旅游体验师制度和模式。各级政府和旅游主管部门以及相关企业，要从建设幸福中国的高度出发，结合当地实际，积极主动地在旅游体验师队伍建设、工作机制建立、政策制定诸方面进行先行先试，提供一线的试点经验，为旅游体验师制度的全面建立投石问路，多做贡献。

（2）开展理论研究。在制度试行的同时，要同步跟进相关理论的研究和学科的建立。旅游休闲丰富的形式与内涵，决定了它与社会学、行为学、心理学、工程学等多门类学科相关联。因此，从理论研究的实际效果考量，应选择综合性与专题性相结合的研究构架和模式。当前，亟待着手做的事情是，从未来旅游休闲产业发展趋势和游客在游览休闲过程中的体验要求以及目标价值取向，确立与之相适应的旅游体验师制度建立所要研究的综合理论体系和具体研究课题。

试行阶段的课题遴选参考：

旅游体验师职业的界定和科学定义

旅游体验师制度建立的体制机制保障

旅游体验对象的选定与分类

旅游体验师的具体行为规范

旅游体验师上岗条件与职业归类

旅游体验师工作和报酬形式

旅游体验师作为新兴的职业，它的产生和发展有着深厚的社会背景和发展空间。建立旅游体验学这一新兴学科，尽早地进行前瞻性的理论研究，是必然的要求。可以选择国内一些旅游院校先行设立旅游体验学课程及其专业，并开展相关研究。需要说明的是旅游体验学涵盖旅游体验师及其制度，但它的范围并不仅仅限于此，包括体验客体研究、旅游产品环境分析等。要注重与交叉、相关边缘学科的协调发展，建立学科创新机制，更好地体现旅游体验学学科对旅游休闲业发展的导向作用。

（3）落实保障措施。旅游体验师制度的建立，需要政策引导、资金支持、技术支撑、人才培育等一系列措施来保障。各级政府和主管部门要从实际出发，在推行旅游体验师制度时，要同步考虑上述保障措施的配套施行。唯有这样，才能保证旅游体验师制度有效落实。

关于试行旅游体验师（员）制度的实施意见

温旅规划〔2013〕53号

为深化改革，创新工作模式，提升旅游业服务品质，维护消费者权益，把我市旅游业打造成为“1号服务业”和人民群众更加满意的现代服务业，经研究，决定在全市旅游行业试行旅游体验师（员）制度。

一、指导思想

以贯彻《旅游法》为契机，坚持“和谐旅游，服务民生”的发展理念，通过试行旅游体验师（员）制度，切实维护旅游者和旅游经营者权益，充分发挥旅游体验师（员）对旅游产业的检验完善作用，促使我市旅游目的地和产品线路的转型升级，推动旅游行业服务品质提升。

二、条件与职责

（一）基本条件

旅游体验师（员）要比普通旅游者的旅游体验更加专业、更具目的性，其工作内容较为特殊，要严格制定选人标准。旅游体验师（员）的基本条件：

（1）具备大专以上学历，有较强的文字表述能力，会摄影，善于提出旅游心得体会与建议意见。

（2）热爱旅游事业，熟悉温州各地的旅游情况。了解旅游景区建设、旅游产品开发、旅行社和饭店服务管理等，能对温州各地旅游线路产品、旅游配套设施建设做出客观性的综合评价。

（3）身体健康，有一定的时间保证，能确保参加正常的旅游体验活动。

（4）善于沟通，熟悉网络技术，能掌握微博、微信与视频等移动互联网传播的基本知识与技能。

（5）具有较强的市场敏感度、时尚敏感度、信息收集能力、逻辑思维能力、分析总结能力，能够真实体验和反馈旅游服务质量和相关情况。

（6）遵纪守法，没有违法违纪记录。

（二）履职性质

旅游体验师队伍建设坚持专兼职并举的原则。一方面，要建立一支高标准专业化体验师（员）队伍(包括在职体验师和兼职体验师)。有条件的地方应试行和鼓励市场主体建立专业的体验师（员）机构，经营旅游休闲体验相关的业务。另一方面，要建立旅游体验员志愿者队伍。从社会上筛选有兴趣有潜质的人员，经过专业培训和资格认定，作为旅游志愿者承担公益性的旅游体验任务。

（三）具体职责

（1）带有检查和勘查的专业性体验活动。旅游体验师（员）既可以单独开展旅游体验工作，也可以参与团队体验活动，在专业领域对即将投放市场或已经投入市场但需要提升的旅游产品线路、目的地进行检验，旅游体验师（员）要以实地察看、现场调查等方式对旅游产品线路的可游性、安全性、舒适度等进行体验，收集有关的证据材料和信息，经过科技鉴定或综合分析判断，形成评估意见和整改建议。

专业体验目标：A级旅游景区、风景名胜区、旅游度假区、文化旅游区、地质公园、湿地公园、主题旅游社区、旅行社线路、自助游线路、绿道旅游线路、其他旅游休闲目的地和吸引物等产品。

（2）承担建设性意见建议的工作任务。旅游体验师（员）要在体验后，将自己的评估意见和整改建议撰写成体验报告，对所体验的目标或者可行的旅游产品开发包装推广项目提出进一步完善提高的建设性意见。有关业主和主管部门要根据他们的意见建议，及时整改。完善旅游产品和目的地建设。建设性意见内容：游线的合理设计和调整、配套服务设施的完善要求、游客咨询体系的建立与完善意见、提高旅游交通条件与运输服务质量的建议、安全设施的可靠性和保障措施建议、开展个性化旅游服务的建设性意见、其他相关方面的建议意见。

（3）宣传推广旅游产品。旅游体验师（员）要充分利用微博、微信等互动媒体平台，将其在旅途中的关于交通、住宿、美食、风景、见闻等各个环节的体验进行播报，通过文字、照片和视频等形式与网友在线共享，并最终对该条旅行线路给出综合体验评价，为旅游爱好者提供更多可供参考的细节化信息，有效宣传优质的旅游体验情况。

（4）提供旅游体验信息咨询。除体验报告外，专职体验师每年至少提供三篇以上原创旅游攻略，一篇以上针对温州市旅游产业发展的分析论文及发展建议；兼职体验师和旅游体验员志愿者每年至少提供一篇以上原创旅游攻略和温州市旅游产业的发展建议，为消费者提供更多直观、可参考的精品旅游体验信息。

（5）旅游体验师要严格遵守国家有关旅游行业的法律法规与规章制度，不得借旅游体验的名义变相从事违法违规行为。

三、招募与管理

（一）招募程序

旅游体验师（员）的招募按照自愿报名、有关组织推荐相结合形式，形成初步人选，每年由市旅游主管部门从中筛选若干名旅游体验师和体验员。

（二）管理工作

旅游体验师（员）队伍的管理，没有先例和经验，但总的要求应该实行常态化管理。各级政府和旅游主管部门是管理主体，并积极求得人力社保等相关部门支持配合。要探索建立一套人员管理、任务交办、信息反馈、效果检验、利益报酬等管理机制，逐步建立起完善的常态化管理制度。温州市旅游局规划发展处具体负责旅游体验师的聘用管理与业务指导，对旅游体验师（员）反馈的信息要及时予以梳理汇总，提交局办公会议研究后，交由有关方面落实。

（三）旅游体验师的待遇

（1）旅游体验师实行聘用制度，一般聘期为 3 年。由温州市旅游局颁发“旅游体验师”和“旅游体验员”证书，可随时随地在温州市范围内开展免费旅游体验活动，也可以根据旅游主管部门的要求，免费参加旅行社组织的体验活动。

（2）视旅游体验工作开展情况和个人业绩，适时评选优秀旅游体验师（员），并予以表彰，给予精神和物质方面奖励。

（3）有关旅游景区、旅行社、星级饭店、特色旅游消费场所、创意旅游文化基地、工农业旅游示范基地（点）、乡村旅游点应给予大力支持，为旅游体验师（员）开展旅游体验工作提供方便。

温州市旅游局

2013 年 12 月 19 日

关于印发《2015年旅游体验师（员）活动实施方案》的通知

温旅规划〔2015〕17号

雁荡山风景旅游管委会、各生态型旅游功能区管委会，温州大罗山综合管理办公室，南麂列岛国家海洋自然保护区管理局、乌岩岭国家自然保护区管理局，各县（市、区）风景旅游管理局、温州生态园发展经济局：

现将《2015年旅游体验师（员）活动实施方案》印发给你们，请做好相关配合指导工作。

特此通知！

温州市旅游局

2015年7月6日

附件：2015年旅游体验师（员）活动实施方案

附件：

2015年旅游体验师（员）活动实施方案

为了进一步发挥旅游体验师（员）的作用，根据温州市旅游局《关于试行旅游体验师（员）制度的实施意见》（温旅规划〔2013〕53号）有关要求和当前我市旅游发展工作需要，特制订2015年度旅游体验师（员）活动实施方案。

一、指导思想

以贯彻《旅游法》为主线，坚持“和谐旅游·服务民生”发展理念，通过开展旅游体验师（员）对旅游产品体验活动，切实维护旅游者和旅游经营者的合法权益，加快推进旅游产业转型升级，进一步推动我市旅游行业服务品质的提升。

二、活动安排

（1）开展招募第二批温州市旅游体验师（员）活动。为进一步充实温州市旅游体验师（员）队伍，3—4月，我局根据旅游体验师（员）所应具备的条件和要求，按照自愿报名和组织推荐相结合形式，确定95名候选人。然后分三批组织赴有关景区和旅游场所开展体验活动，经专家审核和综合评定，从中优选出25名作为三批温州市旅游体验师（员）。

（2）组织一次集中体验活动。为充分发挥旅游体验师（员）对旅游产业的检验完善作用，9—10月，我局将集中组织全市旅游体验师（员）联合旅游行风监督员、旅游服务质量社会监督员，对部分A级旅游景区、风景名胜区、旅游度假区、文化旅游区、地质公园、湿地公园、主题旅游社区、旅行社线路、自助游线路、绿道旅游线路、其他旅游休闲目的地和吸引物等产品进行一次体验活动，进一步推进旅游行业服务品质提升。

（3）不定时地进行明察暗访活动。旅游体验师（员）根据职责，不定时地对全市旅游场所进行明察暗访活动，对所体验的目标或者可行的旅游产品开发包装推广项目提出进一步完善提高的建设性意见，并形成体验报告。旅游体验师（员）每年至少提供两篇以上原创旅游攻略，及一篇以上针对温州市旅游产业发展的分析论文及发展建议；同时要充分利用微博、微信等互动媒体平台，将其在旅途中的关于交通、住宿、美食、风景、见闻等各个环节的体验进行播报，通过文字、照片和视频等形式与网友在线共享，并最终对该条旅行线路给出综合体验评价，为旅游爱好者提供更多可供参考的细节化信息，有效宣传优质的旅游体验情况。

为保障旅游体验师独立开展明察暗访活动，每年每人提供体验经费1千元以内（根据机关工作人员差旅标准，凭交通、住宿和景区门票等票据报销）。

（4）开展一次座谈评比活动。为检验旅游体验工作开展情况，发挥引领带头作用，年底我局将组织开展一次评选优秀旅游体验师（员）活动，并予以表彰。

三、有关要求

旅游体验师要严格遵守国家有关旅游行业的法律法规与规章制度，不得借旅游体验的名义变相从事违法违规行为。